O LADO INVISÍVEL DA ECONOMIA

KATRINE MARÇAL

O LADO INVISÍVEL DA ECONOMIA

UMA VISÃO FEMINISTA DO CAPITALISMO

Tradução
Laura Folgueira

Copyright © 2012, 2015 Katrine Marçal
Copyright da tradução © 2017 Alaúde Editorial Ltda.

Título original: *Det enda könet – Varför du är förförd av den ekonomiske mannen och hur det förstör ditt liv och världsekonomin*

Edição utilizada nesta tradução: *Who cooked Adam Smith's dinner?*, Portobello Books, Londres, 2015.

Publicado originalmente (sem a introdução e o epílogo) por Albert Bonniers Förlag, Estocolmo, Suécia.

Publicado em português mediante acordo com Bonnier Rights, Estocolmo, Suécia, Kontext Agency, Estocolmo, Suécia, e Vikings of Brazil, São Paulo, Brasil.

Todos os direitos reservados. Nenhuma parte desta edição pode ser utilizada ou reproduzida – em qualquer meio ou forma, seja mecânico ou eletrônico –, nem apropriada ou estocada em sistema de banco de dados sem a expressa autorização da editora.

O texto deste livro foi fixado conforme o acordo ortográfico vigente no Brasil desde 1º de janeiro de 2009.

Preparação: Maria Sylvia Corrêa
Revisão: Raquel Nakasone e Martha Lopes
Capa: Amanda Cestaro

1ª edição, 2017 / 2ª edição, 2022

Impresso no Brasil

Dados Internacionais de Catalogação na Publicação (CIP)
(Câmara Brasileira do Livro, SP, Brasil)

Marçal, Katrine
O lado invisível da economia : uma visão feminista do capitalismo / Katrine Marçal ; tradução Laura Folgueira. -- 2. ed. -- São Paulo : Alaúde Editorial, 2022.

Título original: Det enda könet – Varför du är förförd av den ekonomiske mannen och hur det förstör ditt liv och världsekonomin

Bibliografia
ISBN 978-65-86049-50-3

1. Economia 2. Economia - Aspectos sociais 3. Feminismo 4. Mulheres I. Título.

21-83070   CDD-305.42

Índices para catálogo sistemático:
1. Mulheres e economia : Aspectos sociológicos 305.42
Aline Graziele Benitez - Bibliotecária - CRB-1/3129

O conteúdo desta obra, agora publicada pelo Grupo Editorial Alta Books, é o mesmo da edição anterior.

2022
A Editora Alaúde faz parte do Grupo Editorial Alta Books
Avenida Paulista, 1.337, conjunto 11
01311-200 – São Paulo – SP
www.alaude.com.br
blog.alaude.com.br

*A economia estuda o dinheiro
e por que ele é bom.*
Woody Allen

Sumário

AVISO 9

PRÓLOGO 11

CAPÍTULO 1   Em que entramos no mundo da economia
e nos perguntamos quem era a mãe de Adam Smith 17

CAPÍTULO 2   Em que somos apresentados ao homem econômico
e percebemos que ele é muito sedutor 27

CAPÍTULO 3   Em que fica evidente que o homem econômico
não é uma mulher 37

CAPÍTULO 4   Em que vemos que nosso pacto com o homem
econômico não está saindo como esperávamos 49

CAPÍTULO 5   Em que adicionamos as mulheres e mexemos 63

CAPÍTULO 6   Em que Las Vegas e Wall Street se mesclam 75

CAPÍTULO 7   Em que a economia global vai para o inferno 87

CAPÍTULO 8   Em que vemos que os homens também não são
como o homem econômico 101

CAPÍTULO 9	Em que os incentivos econômicos não se revelam tão descomplicados quanto poderíamos imaginar	111
CAPÍTULO 10	Em que vemos que você não é egoísta só porque quer mais dinheiro	121
CAPÍTULO 11	Em que entendemos que um número negativo continua sendo igual a zero	131
CAPÍTULO 12	Em que todos nos tornamos empreendedores	143
CAPÍTULO 13	Em que percebemos que o útero não é uma cápsula espacial	151
CAPÍTULO 14	Em que descobrimos as profundezas e os medos inesperados do homem econômico	159
CAPÍTULO 15	Em que vemos que a maior história de nosso tempo só tem um sexo	171
CAPÍTULO 16	Em que vemos que cada sociedade sofre as consequências das mentiras que conta. E nos despedimos	179

EPÍLOGO 189

NOTAS 197

BIBLIOGRAFIA 205

CRÉDITO DAS IMAGENS DE CAPA 212

CRÉDITOS 213

ÍNDICE ONOMÁSTICO 214

Aviso

O protagonista deste livro é fictício e não guarda semelhanças com pessoas vivas ou mortas. A realidade descrita aqui na verdade não existe. As teorias econômicas das quais se extraiu o protagonista não têm muito a ver com o mundo real. Qualquer semelhança entre os leitores e o protagonista do livro é mera coincidência.

Ela acontece porque você quer ser como ele. E não porque você é.

Prólogo

O feminismo sempre teve a ver com economia. Virginia Woolf queria um teto todo seu, e isso custa dinheiro.*

No fim do século XIX e início do século XX, as mulheres se uniram para exigir o direito à herança, o direito à propriedade, o direito de abrir as próprias empresas, o direito de fazer empréstimos, o direito ao emprego, a salários iguais para trabalhos iguais e à opção de se sustentar, para não precisar casar por dinheiro e poder casar por amor. O feminismo ainda está relacionado a dinheiro.

O objetivo do feminismo nas últimas décadas foi tirar dinheiro e privilégios dos homens em troca de coisas menos quantificáveis para eles, como "o direito de chorar em público".

---

* Referência a *Um teto todo seu*, ensaio no qual a escritora inglesa Virginia Woolf (1882-1941) discorre sobre as condições econômicas e sociais necessárias para que as mulheres possam se dedicar à literatura. (N. da E.)

Ou, ao menos, é assim que algumas pessoas o descrevem.

Anos se passaram desde 15 de setembro de 2008, o dia em que o banco de investimentos Lehman Brothers declarou concordata. Em poucas semanas, instituições financeiras e seguradoras no mundo todo fizeram o mesmo. Milhões de pessoas perderam o emprego e a poupança. Famílias foram forçadas a entregar sua casa, governos caíram, os mercados tremeram. O pânico passou de uma parte da economia a outra e de um país a outro, enquanto tombava um sistema que não conseguia mais se manter de pé.

Assistimos a tudo petrificados.

Se todo mundo simplesmente trabalhar, pagar seus impostos e ficar quietinho, tudo vai se resolver.

Foi o que nos ensinaram.

Mas era mentira.

Depois da crise, houve uma série de conferências internacionais. Escreveram livros e mais livros sobre o que tinha dado errado e o que era necessário fazer. De repente, de políticos conservadores ao papa em Roma, todo mundo estava criticando o capitalismo. Foi dito que a crise era uma mudança de paradigma, que agora tudo seria diferente. O sistema financeiro global precisava mudar. Novos valores teriam de dominar a economia. Lemos sobre ganância, desequilíbrio global e desigualdade econômica. Ouvimos *ad nauseam* que a palavra chinesa para "crise" é composta por dois caracteres, um significando "perigo" e o outro, "possibilidade".

(O que, aliás, não é verdade.)

Anos depois, o setor financeiro se recuperou. Lucros, salários, dividendos e bônus voltaram ao que eram antes.

A ordem e a história econômicas que tantos acharam que desapareceriam com as crises se provaram obstinadas. Intelectualmente robustas. A questão é: por quê? Há muitas respostas. O objetivo deste livro é oferecer a seguinte perspectiva sobre o assunto: a do sexo.

Não como você talvez poderia pensar.

Se o Lehman Brothers [irmãos Lehman] fosse Lehman Sisters [irmãs Lehman], a crise financeira teria sido diferente, disse Christine Lagarde em 2010, quando ainda era ministra das Finanças da França.[1]

Supõe-se que ela não estivesse falando muito a sério.

O Audur Capital, um fundo islandês de investimento em participações, também conhecido como *private equity*, inteiramente administrado por mulheres, foi o único fundo do tipo que passou pela crise sem nenhum arranhão, destacou Lagarde. E há estudos que mostram que homens com níveis mais altos de testosterona têm mais tendência a se arriscar.[2] Correr riscos excessivos é o que quebra os bancos e gera as crises financeiras, então será que os homens não têm hormônios demais para cuidar da economia?

Outros estudos mostram que as mulheres têm uma tendência pelo menos igual à dos homens a correr riscos, mas só quando estão no meio de seu ciclo menstrual. Será que o problema com os banqueiros é que eles são como mulheres ovulando? Qual é a ligação entre o ciclo de negócios e o ciclo menstrual?[3]

Mais estudos apontam que garotas em escolas só de meninas têm a mesma avidez para correr riscos que os garotos. Garotas em escolas mistas, por outro lado, são mais cuidadosas. Em outras palavras, normas e ideias sobre o que o seu sexo é em relação ao chamado sexo oposto parecem ser importantes.[4]

Pelo menos quando o sexo oposto está presente.

Podemos brincar com essas coisas ou podemos levá-las a sério, mas um fato é incontestável: o Lehman Brothers nunca teria sido Lehman Sisters. Um mundo onde mulheres dominassem Wall Street seria tão diferente do mundo real que descrevê-lo não nos diria nada da realidade. Milhares de anos de história teriam de ser reescritos para levar ao momento hipotético em que um banco de investimentos chamado Lehman Sisters fosse capaz de lidar com uma superexposição no aquecidíssimo mercado imobiliário norte-americano.

Esse experimento mental é inútil.

Não dá para simplesmente trocar "irmãos" por "irmãs".

A história das mulheres e da economia é muito maior que isso.

O feminismo é uma tradição de pensamento e ação política que remonta a mais de duzentos anos. É um dos grandes movimentos políticos democráticos de nossa época, independentemente do que pensemos sobre suas conclusões. O feminismo também é responsável pelo que provavelmente é a maior mudança econômica sistêmica do último século.

Alguns diriam de todos os tempos.

"As mulheres foram trabalhar nos anos 1960": é assim que se costuma contar a história.

Mas não é verdade. As mulheres não "foram trabalhar" nos anos 1960 nem na Segunda Guerra Mundial.

As mulheres sempre trabalharam.

O que aconteceu nas últimas décadas é que elas trocaram de emprego.

Do trabalho em casa, passaram a assumir posições no mercado e começaram a ser pagas por sua mão de obra.

Do trabalho como enfermeiras, cuidadoras, professoras e secretárias, passaram a competir com os homens como médicas, advogadas e biólogas marinhas.

Isso representa uma mudança social e econômica gigantesca: metade da população levou a maior parte de seu trabalho de casa para o mercado.

Mudamos de um sistema econômico para outro, sem realmente nos darmos conta disso.

Ao mesmo tempo, a vida familiar se transformou.

Ainda recentemente, nos anos 1950, as mulheres norte-americanas davam à luz, em média, quatro filhos. Hoje, esse número caiu para dois.

No Reino Unido e nos Estados Unidos, o modelo de família das mulheres se organizou de acordo com o nível de instrução delas. Mulheres instruídas têm menos filhos, e os têm mais tarde. Mulheres com menos instrução têm mais filhos, e os têm muito mais jovens.[5]

Ambos os grupos são retratados de forma caricata pela mídia.

A mulher que tem uma carreira leva o bebê gritando dentro da pasta; tendo esperado até os 40 anos para ter sua cria, agora nem tem tempo de cuidar dela. Ela é egoísta, irresponsável, uma mulher horrível.

A jovem mãe de classe operária fica em sua moradia popular, vivendo de benefícios do governo e sem um homem em sua vida. Ela também é egoísta, também é irresponsável e também é uma mulher horrível.

O debate sobre a colossal mudança econômica pela qual passamos frequentemente começa e acaba aqui: em opiniões sobre como mulheres, individualmente ou como caricaturas dessas mulheres, devem viver a vida.

Na Escandinávia, onde a sociedade investe quantias enormes em assistência a crianças e licença-parental paga, o modelo familiar feminino é mais unificado e independente do nível de educação. Em geral, as mulheres também têm mais filhos. Mas, mesmo nesses Estados de bem-estar social mundialmente famosos, as mulheres ganham menos que os homens[6] e o número de mulheres em cargos administrativos altos é pequeno comparado a muitos outros países.[7]

Em algum lugar aí há uma equação que ninguém conseguiu resolver.

Talvez ainda nem tenhamos a linguagem para falar disso, mas é, sem dúvida, uma equação econômica.

Muita gente tem medo de economia. Dos termos, da autoridade, dos rituais e de sua aparente incompreensibilidade universal. O período imediatamente antes da grande crise financeira foi uma época em que nos pediram para deixar a economia na mão dos especialistas. Disseram que eles resolveriam os problemas e que não éramos competentes o suficiente para entender sua solução. Nesse período, presidente de banco central virava celebridade e era nomeado

"Homem do Ano" pela revista *Time* por ter cortado taxa de juros para salvar a civilização ocidental.

Essa época passou.

Esta é uma história de sedução. Sobre como certa visão de economia se entranhou em nós de forma traiçoeira. Sobre como foi permitido que ela dominasse outros valores, não apenas na economia global, mas em nossa vida. Trata de homens e mulheres e de como os brinquedos nos dominam quando damos vida a eles.

Para amarrar tudo isso, temos de começar pelo começo.

Capítulo 1

Em que entramos no mundo da economia e nos perguntamos quem era a mãe de Adam Smith

Como o seu jantar chega a você? Essa é uma questão fundamental da economia. Parece simples, mas é extremamente complicada.

A maioria de nós só produz uma pequena porcentagem do que consome todos os dias. O resto, nós compramos. O pão fica na prateleira do mercado, e a eletricidade flui por fios quando ligamos o abajur. Mas dois filões de pão e 1 quilowatt de eletricidade exigem a atividade coordenada de milhares de pessoas ao redor do mundo.

Do fazendeiro que cultiva o trigo que é vendido à panificadora. Da empresa que vende os sacos para embalar o pão. Da panificadora que vende pão para o supermercado e do supermercado que vende pão a você. Tudo isso precisa acontecer para que o pão esteja lá na prateleira numa terça-feira qualquer – e há ainda as pessoas que vendem ferramentas aos fazendeiros, transportam as mercadorias até a loja, fazem manutenção dos veículos, limpam os supermercados e desembalam o produto.

Todo esse processo precisa acontecer mais ou menos sincronizado, mais ou menos na ordem certa e vezes suficientes para que as prateleiras de uma padaria não fiquem vazias. E precisa acontecer não apenas a cada filão de pão, mas também a cada livro, boneca, bomba, bexiga e qualquer outra coisa que possamos pensar em comprar e vender. A economia moderna é uma coisa complexa.

Então, os economistas ponderam: o que mantém tudo isso de pé?

A economia foi descrita como a ciência de como conservar o amor.[1] A ideia básica é a seguinte: o amor é escasso. É difícil amar um vizinho, sem falar do vizinho do vizinho. Portanto, devemos conservar nosso amor, não o gastar de forma desnecessária. Se o usamos como combustível da sociedade, não sobrará amor para a nossa vida privada. O amor é difícil de achar – e mais difícil ainda de manter. É por isso que os economistas determinaram que precisávamos organizar a sociedade em torno de outra coisa.

Por que não usar, então, o interesse pessoal? Dele, parece haver um excedente.

Em 1776, Adam Smith, o pai da economia política, escreveu as palavras que moldaram nossa compreensão moderna da economia: "Não é da benevolência do açougueiro, do cervejeiro ou do padeiro que esperamos nosso jantar, mas da consideração que eles têm pelos próprios interesses".

A ideia de Smith era que o açougueiro trabalha para ter clientes satisfeitos e, assim, dinheiro. Não para ser legal. O padeiro assa e o cervejeiro faz cerveja não porque eles querem fazer as pessoas felizes, mas porque querem ter lucro. Se o pão e a cerveja forem bons, as pessoas comprarão. É por isso que padeiros e cervejeiros produzem suas mercadorias. Não porque realmente se importam em levar bom pão e cerveja gostosa às pessoas. Não é essa a força propulsora. A força propulsora é o interesse pessoal.

Podemos confiar no interesse pessoal. Ele é inesgotável.

Já o amor... O amor é escasso. Não há o suficiente para distribuir pela sociedade; ele deve ser conservado em um recipiente de uso pessoal. Senão, ele pode estragar.

"O que tem 100 metros de comprimento, se movimenta feito uma lesma e só vive de repolho? Resposta: a fila de uma padaria na União Soviética."[2]

Não queremos que as coisas sejam como eram na União Soviética.

Adam Smith nos contou por que os mercados livres eram a melhor forma de criar uma economia eficiente. Suas ideias sobre liberdade e autonomia eram revolucionárias e radicais. Chega de deveres e regulamentos. Quando o mercado pode operar com liberdade, a economia funciona como um relógio, com os ponteiros alimentados pelo inesgotável combustível dos interesses pessoais, argumentou ele. Com todo mundo trabalhando para servir a si mesmo, todos terão acesso aos bens de que necessitam. O pão está lá na prateleira, a eletricidade corre pelos fios, e você recebe o seu jantar.

O interesse pessoal de cada um garante que o todo funcione junto – sem que ninguém realmente precise pensar sobre o todo. É mágico. E se tornou uma das mais renomadas histórias de nossa época.

Nos primórdios da economia, era claro que o egoísmo fazia o mundo girar.

"O primeiro princípio da economia é: cada agente só é acionado pelo interesse pessoal", escreveram economistas no fim do século XIX.[3] A economia moderna foi construída sobre "a base do interesse pessoal",[4] e é uma maravilha que todos devemos admirar.

A economia não tinha a ver com dinheiro. Desde o início, tinha a ver com o modo como vemos as pessoas. Fundamentalmente, a economia era a história de como nos comportamos para lucrar em uma situação determinada. Em todas as situações. As consequências não têm importância.

Esse ainda é o ponto de partida das teorias econômicas padrão. Quando falamos coloquialmente sobre "pensar como economista", é isto que queremos dizer: pessoas que fazem o que fazem porque são beneficiadas por isso. Talvez não seja o retrato mais lisonjeiro da humanidade. Mas é o mais preciso. E, nos dizem, se você quiser conquistar qualquer coisa, é melhor ser realista. A moral representa a forma como gostaríamos que o mundo funcionasse, e os economistas nos dizem como ele realmente funciona. Pelo menos, é o que eles próprios afirmam.[5]

Não precisamos saber mais. É assim que levamos a vida. Graças a isso, a sociedade se mantém unida. Como se houvesse uma mão invisível. Esse é o grande paradoxo. Como sabemos, Deus sempre fala conosco por meio de paradoxos.

"A mão invisível" é a expressão mais conhecida da economia. Adam Smith cunhou o termo, mas foram os economistas que vieram depois dele que o popularizaram.[6] A mão invisível toca tudo, guia tudo, está em tudo, decide tudo – mas não podemos vê-la nem senti-la. Ela não intervém de cima, de fora, não aponta nem mexe nas coisas. Ela surge nas ações e escolhas dos indivíduos e entre elas. É a mão que dirige o sistema – de dentro. O conceito foi mais relevante para os economistas modernos do que para o próprio Adam Smith. O pai da economia política só menciona o termo uma vez em *A riqueza das nações*, mas, hoje em dia, ele é frequentemente considerado o fundamento da ciência econômica e de seu universo singular.

Um século antes de Adam Smith escrever sobre a mão invisível, o inglês Isaac Newton publicou sua obra *Philosophiae Naturalis Principia Mathematica*.

Astrônomo, matemático, cientista natural e alquimista, Newton explicou as forças que mantinham a Lua em seu curso. Calculou os movimentos dos planetas, a atração gravitacional e por que as maçãs despencam no chão – tudo é guiado pela mesma gravidade que carrega em seus braços os corpos celestes.

Newton nos deu a ciência moderna e toda uma nova visão sobre a existência.

Em sua época, a matemática era considerada uma linguagem divina. Foi por meio da matemática que Deus tornou "o livro da natureza" inteligível para a humanidade. Deus nos deu a matemática para podermos compreender sua criação. As descobertas de Newton inebriaram o mundo.

Talvez mais do que ninguém, inebriaram Adam Smith e a economia política nascente.

As leis do sistema solar previamente conhecidas apenas por Deus podiam agora ser compreendidas com o método científico. A visão do mundo mudou, passou de uma em que Deus intervinha, tinha opiniões, castigava, dividia oceanos, movia montanhas e pessoalmente abria milhões de flores a cada dia para uma em que Deus estava ausente e o universo era um relógio que ele tinha criado e no qual tinha dado corda, mas que agora batia sozinho.

O mundo virou um aparato, um enorme e incrível robô, uma performance gigantesca em que várias partes giravam como em uma máquina. Os intelectuais da época acreditavam cada vez mais que era possível explicar tudo como Newton explicara o movimento dos planetas. Isaac Newton tinha revelado as leis da natureza – e, com elas, o verdadeiro plano de Deus para o mundo.

Certamente, a mesma abordagem seria capaz de revelar as leis da sociedade, pensou Adam Smith, e, com elas, o verdadeiro plano de Deus para a humanidade.

Se havia um mecanismo na natureza, devia haver um mecanismo na sociedade.

Se havia leis conforme as quais os corpos celestes se moviam, devia haver leis conforme as quais os corpos humanos se moviam.

E elas poderiam ser expressas cientificamente.

Se conseguíssemos entender essas leis, poderíamos adaptar a sociedade de modo a fluir com elas. Conseguiríamos viver em harmonia com o plano verdadeiro. Nadar *com* a corrente, não *contra* ela, e, principalmente, compreender tudo. A sociedade poderia funcionar de forma tão suave quanto um relógio, tiquetaqueando precisamente do jeito mais conveniente para nós.

Essa era a tarefa assumida por Adam Smith e os economistas. Não se tratava de uma tarefa pequena. Como chegar a uma harmonia natural?

Supostamente, a força que na sociedade teria o mesmo papel que a gravidade tem no sistema solar seria o interesse pessoal.

"Posso calcular o movimento dos corpos celestes, mas não a loucura das pessoas", disse o próprio Newton.[7] Mas ninguém se importava. Adam Smith parecia ter revelado o verdadeiro plano de Deus para o mundo: um sistema de liberdade natural retratado como espelho perfeito da imagem da física newtoniana.

Se quiser entender algo, decomponha-o em pedaços. Era essa a metodologia de Newton. Divida o todo em partes menores. Se ainda não conseguir entender, desmonte de novo. Quebre em partes ainda menores. E assim por diante. Finalmente, chegará à menor parte na qual é possível dividir o todo. O bloco fundamental de Lego de que todo o resto é feito. A partícula elementar. O átomo. O menor componente. Então, é possível estudá-lo. Compreendendo essa peça, compreenderemos tudo.

Mudanças no todo não ocorrem porque as próprias partículas estão mudando; as partículas sempre são independentes daquilo de que estão participando. Cada mudança é apenas um novo padrão no qual elas se arranjaram. Seus movimentos são impulsionados pelas leis da natureza. E o mundo é tão lógico quanto um relógio.

Os economistas tentaram repetir esse truque. Se quiser entender a economia, decomponha-a em pedaços. Separe cada complexo e coordenado processo necessário para o bife estar no açougue numa terça-feira qualquer. Se ainda não entender, desmonte de novo. Quebre em partes ainda menores. Com as peças cada vez menores, os economistas encontraram o menor componente possível em que acreditavam ser possível dividir o todo. E chamaram isso de "indivíduo".

Se entendermos o indivíduo, entenderemos tudo, pensaram.[8] Assim como a física da época se dedicava a átomos indivisíveis, a economia se dedicava a indivíduos autônomos. A sociedade é simplesmente a soma desses indivíduos. Se a economia muda, não é porque esse indivíduo mudou – sua identidade nunca é afetada pelos outros. Mas ele faz escolhas. Cada mudança é apenas um novo padrão no qual ele se arranjou. Novas escolhas que ele fez em relação aos outros. Eles nunca se conhecem, mas interagem. Como bolas de bilhar. A consciência do indivíduo, sobre a qual ninguém a não ser ele próprio tem controle, permanecerá para sempre imutável.

No mais, silêncio.

A maior conquista de Adam Smith foi que, desde o começo, ele conseguiu mapear a nascente disciplina da economia na visão de mundo da física. Lógica, racional e previsível. Era assim que a física parecia ser naquele período. Isso foi antes de o tempo e o espaço se mesclarem no indivisível espaço-tempo. Antes de o universo se dividir a cada medição em tantos mundos quanto o número de possíveis resultados naquele momento. Mas os economistas nunca ligaram muito para a física moderna. Ainda estão olhando para as estrelas no céu de Newton.

"O que realmente me interessa é se Deus teve alguma escolha na criação do mundo", perguntou-se Albert Einstein, pai da física moderna, no início do século XX.[9] Há alguma alternativa desconhecida às leis da física de Newton? Outra forma de fazer as coisas? Os economistas contemporâneos raramente seguiam essa linha de raciocínio. Estavam muito seguros de si. A teoria econômica é um "corpo de generalização cuja precisão substancial e importância só podem ser questionadas por ignorantes ou perversos", escreveu o economista britânico Lionel Robbins, em 1945.[10] O ponto central é que não há alternativa. O mercado vivia da natureza humana. E os economistas estudavam o mercado, portanto, estudavam as pessoas.

Antigamente, os reis contratavam conselheiros da corte que interpretavam padrões aparentes nos intestinos de animais mortos. Estudavam cores e formas para informar o governante sobre como os deuses poderiam reagir a uma decisão política ou outra. Na Itália pré-histórica, os etruscos dividiam as bordas externas do fígado de uma ovelha em pedaços separados. Mas o mundo evoluiu desde então. Hoje, os economistas assumiram o papel desses consultores. Com mais ou menos precisão, eles tentam profetizar como o mercado reagirá a uma ou outra decisão que os políticos estejam considerando.

Em geral, queremos viver em uma economia de mercado, mas não em uma sociedade de mercado. Aprendemos que precisamos aceitar uma coisa para ter a outra. Fidel Castro dizia que a única coisa pior que ser explorado pelo capitalismo multinacional é não ser explorado pelo capitalismo multinacional. Ele talvez estivesse certo. "Não há alternativa", declarou Margaret Thatcher.[11] O capitalismo parecia (ao menos até a crise financeira de 2008) ter sido bem-sucedido no ponto em que todas as grandes religiões mundiais falharam: unir a humanidade em uma única comunhão – o mercado global.

O mercado pode decidir quanto devem custar o ferro e a prata, quais as necessidades das pessoas, quanto devem ganhar babás, pilotos e presidentes de empresas. Quanto uma mulher deve pagar por um batom, por um cortador de grama e para retirar o seu útero cirurgicamente. O mercado dita quanto vale para um banco de investimento avançar nas reservas dos contribuintes (70 milhões de dólares ao ano).[12] E quanto vale segurar a mão ansiosa de uma mulher de 87 anos enquanto ela dá seus últimos suspiros em um Estado de bem-estar social escandinavo (96 coroas a hora, pouco mais de 30 reais).[13]

O LADO INVISÍVEL DA ECONOMIA

Quando o jantar de Adam Smith era servido, ele não achava que era porque o açougueiro e o padeiro gostavam dele – pensava que era porque os interesses desses profissionais eram atendidos com a troca. Era o interesse pessoal que colocava o jantar na mesa de Adam Smith.

Era mesmo? Quem realmente cozinhava o bife?

Adam Smith nunca se casou. O pai da economia viveu com a mãe durante a maior parte da vida.[14] Ela cuidava da casa, e uma prima cuidava de suas finanças. Quando foi nomeado agente alfandegário em Edimburgo, sua mãe se mudou com ele. Ela cuidou do filho a vida toda, e essa é uma parte que Adam Smith omite da resposta à questão de como nosso jantar é servido.

Para que o açougueiro, o padeiro e o cervejeiro pudessem ir trabalhar, na época em que Adam Smith estava escrevendo, suas esposas, mães ou irmãs tinham de passar horas e horas, dia após dia cuidando das crianças, limpando a casa, cozinhando, lavando roupa, enxugando lágrimas e brigando com os vizinhos. Não importa como encaramos o mercado, ele sempre é construído sobre outra economia. Uma economia que raramente debatemos.

A garota de 11 anos que anda 15 quilômetros todas as manhãs para pegar lenha para a família tem um papel importante na capacidade de desenvolvimento econômico de seu país. Mas esse trabalho não é reconhecido. A garota é invisível nas estatísticas econômicas. No cálculo do PIB, que mede a atividade econômica total de um país, ela não é contada.[15] O que ela faz não é considerado importante para a economia. Nem para o crescimento. Dar à luz, criar filhos, cultivar um jardim, cozinhar para seus irmãos, ordenhar a vaca da família, costurar roupas para seus parentes ou cuidar de Adam Smith para que ele possa escrever *A riqueza das nações*... Nada disso conta como "atividade produtiva" nos modelos econômicos padrão.

Fora do alcance da mão invisível, há o sexo invisível.

A autora e feminista francesa Simone de Beauvoir descreveu a mulher como "o segundo sexo".[16] É o homem que vem primeiro.

Ele define o mundo e a mulher é "a outra", tudo o que ele não é, mas também aquilo de que ele depende para poder ser quem é.

Para poder ser importante.

Assim como existe um "segundo sexo", existe uma "segunda economia". O trabalho tradicionalmente executado por homens é o que conta. Ele define a visão de mundo econômica. O trabalho da mulher é "o outro". É tudo o que ele não faz, mas de que depende para poder fazer o que faz.

Para poder fazer as coisas importantes.

Adam Smith conseguiu responder a apenas metade da questão fundamental da economia. O jantar dele não existia apenas por conta dos interesses pessoais dos comerciantes. O jantar de Adam Smith era servido porque a mãe dele garantia que a comida estivesse sempre à mesa.

Atualmente, às vezes salientam que a economia é construída não apenas com uma "mão invisível", mas também com um "coração invisível".[17] Mas talvez essa seja uma imagem idealizada demais das tarefas que a sociedade historicamente designou às mulheres. Não sabemos por que a mãe de Adam Smith cuidava de seu filho.

Só sabemos que ela cuidava.

Capítulo 2

EM QUE SOMOS APRESENTADOS AO HOMEM ECONÔMICO E PERCEBEMOS QUE ELE É MUITO SEDUTOR

A. A. Milne, autor da série de livros *Ursinho Pooh*, notou que as crianças ficavam fascinadas sobretudo com histórias de ilhas desertas.[1] Histórias de pessoas presas em um mundo novo e isolado atiçavam a imaginação delas de forma singular.

Milne achava que era porque a ilha isolada oferecia à criança uma fuga mais eficaz da vida real. Nada de pai, nada de mãe, nada de irmãos; nada de obrigações familiares, deveres, conflitos nem lutas de poder. Um mundo totalmente novo. Mais limpo e mais simples. A pessoa está livre e sozinha, as pegadas na areia são somente dela.

É um mundo no qual a criança pode ser mestre, usurpar o trono e se proclamar o Deus Sol.

Poderíamos dizer que economistas são um pouco como crianças. Muitos são completamente obcecados por Robinson Crusoé. A maioria dos estudantes de economia terá ouvido um professor recontar a história do romance de 1719 de Daniel Defoe de alguma maneira.[2] Talvez você se pergunte o que a história de um homem branco e racista, que vive sozinho em uma ilha durante 26 anos e fica amigo de um "selvagem", poderia nos dizer das economias modernas.

É que você ainda não entendeu o xis da questão econômica.

O náufrago de Daniel Defoe se tornou um modelo essencial do que os economistas chamam de "homem econômico". Crusoé está encalhado em uma ilha deserta sem códigos sociais nem leis. Ninguém o inibe, e ele tem carta branca para agir de acordo com seu interesse pessoal. Na ilha de Crusoé, o interesse pessoal que impulsiona a economia está separado de outras considerações e, portanto, a história se torna uma ferramenta didática para os economistas.

Quando participamos do mercado, supostamente somos todos anônimos. É por isso que o mercado pode nos libertar. Não importa quem você é. Traços pessoais e laços emocionais não têm lugar ali. A única coisa que importa é sua capacidade de pagar. A escolha das pessoas é livre e independente, não há história nem contexto, somos ilhas isoladas em um oceano sem nada além de nós. Ninguém nos julga e nada nos amarra nem nos segura. As únicas limitações são técnicas: as horas finitas do dia e nossos recursos naturais. Robinson Crusoé é livre e suas relações com outras pessoas têm a ver principalmente com o que elas podem fazer por ele.

Ele não age de má-fé, isso simplesmente não seria racional – pelo menos no que diz respeito à forma como a razão é construída nessa história.

No romance, Robinson Crusoé nasce em York, Inglaterra.[3] O pai é mercador, e Robinson tem dois irmãos mais velhos. Um morre em uma guerra e o outro simplesmente desaparece. Robinson estuda direito, mas não se sente tentado pelos confortos da vida de classe média inglesa. Em vez disso, ele embarca num navio em direção à África. Depois de várias viagens, finalmente aporta no Brasil, onde acaba encontrando uma monocultura fértil. Robinson Crusoé fica rico. Mas Robinson Crusoé quer ser ainda mais rico. Há navios indo para a África buscar escravos, e ele embarca em um. Na última etapa da viagem, a embarcação em que está viajando naufraga, e apenas ele fica preso em uma ilha deserta. Começa então a aventura.

Robinson passa muitos anos isolado com apenas alguns animais como companhia. "Selvagens" e canibais causam pânico nas praias. Em seu diário de bordo, em colunas paralelas, ele lista não só dinheiro e materiais, mas também sorte e azar.

Sim, é verdade que ele está em uma ilha deserta – mas está vivo. Está isolado – mas não está morrendo de fome.

Não tem roupa alguma – mas o clima é bom.

Robinson calcula logicamente os benefícios de cada situação. E está bastante feliz. Livre das demandas, da inveja e do orgulho. Livre das outras pessoas. Triunfante, escreve que pode fazer exatamente o que desejar. Pode se chamar de imperador ou rei da ilha toda. Que alegria! Livre de distrações e desejos carnais, ele foca, em vez disso, em propriedade e controle. A ilha é sua para conquistar, a natureza está lá para ser governada.

A história de Robinson Crusoé costuma ser recontada como uma história sobre a inventividade e o engenho do indivíduo. Robinson colhe milho, produz panelas e ordenha cabras. Ele faz velas com gordura de bode e cria os pavios com urtiga seca. Mas não é só a inventividade de Robinson que constrói essa pequena sociedade de um homem só. Na verdade, ele faz treze viagens ao navio naufragado para recuperar materiais e ferramentas, que usa para dominar a natureza e, ao fim, outras pessoas.

As ferramentas e os materiais são feitos por outros, mesmo que estejam longe. E Robinson é completamente dependente do trabalho deles.

Durante seu vigésimo sexto ano na ilha, Robinson encontra um nativo. Ele o salva dos canibais e o batiza com o nome do dia da semana no qual se conheceram. A gratidão de Sexta-Feira não conhece limites. Ele nutre um amor infantil por Robinson, e trabalha para ele como um escravo. Sexta-Feira, sendo canibal, tem certo desejo de carne humana, mas muda sua dieta em consideração a Robinson.

Eles passam os três anos seguintes juntos, como descrito pelo autor do romance, "plenamente felizes". No fim, são resgatados e viajam de volta à Europa. Quando chegam a Lisboa, Robinson descobre que está muito rico. Os trabalhadores cuidaram da propriedade no Brasil, que deu lucros altos nos anos em que ele estava longe. Robinson vende suas ações, casa e tem três filhos. Então, a esposa morre. Essa série de eventos – casamento, nascimento dos filhos e morte – é descrita em uma única frase no livro.

E Crusoé vai para o mar de novo.

O escritor irlandês James Joyce descreveu Robinson como a personificação da "independência máscula; da crueldade inconsciente; da inteligência lenta mas eficiente; da apatia sexual [...] da reticência calculista".[4]

Robinson Crusoé está isolado, e os economistas gostam de isolar as pessoas. Um Robinson naufragado em uma ilha deserta torna possível observar como as pessoas agiriam se não houvesse um mundo em torno delas. A maioria dos modelos econômicos padrão é baseada precisamente nisso. *Ceteris paribus*, pregam os professores de economia.[5] "Todas as outras coisas sendo iguais ou constantes." É preciso isolar uma única variável dentro de um modelo econômico que engloba diversas variáveis – ou não vai funcionar. Economistas espertos sempre estiveram cientes da falha nessa abordagem, mas ela continua sendo a base do "pensar como um economista". É necessário simplificar o mundo para poder prevê-lo, e assim se escolheu, no espírito de Adam Smith, simplificá-lo precisamente dessa maneira.

No livro, Robinson Crusoé rapidamente cria uma economia. Ele troca e compra, embora não haja dinheiro algum na ilha – os valores dos bens são determinados de acordo com a demanda.

Outra história de homens naufragados costuma ser usada por economistas para ilustrar o princípio de que o valor é determinado pela demanda.

Imagine dois homens em uma ilha deserta: um tem um saco de arroz e o outro tem duzentos braceletes de ouro. Em casa, no continente, um bracelete de ouro poderia ter comprado um saco de arroz, mas, agora, os dois homens não estão no continente. Estão naufragados, e o valor dos bens mudou.

O homem com o arroz de repente pode pedir todos os braceletes em troca de apenas uma porção. Ele pode até se recusar a trocar. Afinal, o que ele faria com um bracelete de ouro em uma ilha deserta? Os economistas adoram contar esse tipo de história; eles assentem com a cabeça, acreditando ter revelado algo profundo sobre o comportamento do ser humano.

Essas histórias nunca incluem a possibilidade de que as duas pessoas abandonadas em uma ilha deserta comecem a conversar, de que possam se sentir sozinhas. Assustadas. De que possam precisar uma da outra. Depois de conversar por um tempo, percebem que ambas odiavam espinafre quando eram crianças e tinham tios alcoólatras. Após debater por um minuto, provavelmente dividem o arroz. O fato de os humanos poderem reagir dessa forma não têm importância econômica?

Os homens na história dos economistas não estão, antes de mais nada, encalhados em uma ilha. Estão encalhados em si mesmos. Sozinhos. Isolados. Intocáveis. Incapazes de interagir um com o outro a não ser através do comércio e da competição. Incapazes de se relacionar com o mundo ao redor a não ser como um conjunto de mercadorias. Tudo deve ser comprado, trocado e vendido pelo maior lucro possível.

Robinson Crusoé é, acima de qualquer outra coisa, um exemplo de homem econômico. Os economistas o chamaram de *Homo economicus*, e ele compõe a base das teorias econômicas como as conhecemos. A economia decidiu que deveríamos estudar o indivíduo e, portanto, era preciso criar uma história simplificada de como esse indivíduo age. Assim nasceu o modelo de comportamento humano que definiu o pensamento econômico desde então.[6] E mais: esse indivíduo é uma pessoa incrivelmente sedutora.

Quem estuda economia aprende a história de um homem que vai maximizar seus lucros usando as condições e os obstáculos que encontra pelo caminho mundo afora. Ele é uma descrição universal, ainda que simplificada, de uma pessoa. Seja mulher ou homem, rico ou pobre, independente de cultura ou religião ou qualquer outra coisa. O homem econômico representa a consciência econômica pura que reside em cada um de nós. Aquela que formula desejos e depois tenta satisfazê-los.

Ele é racional e impelido pela razão, não faz nada que não seja forçado a fazer e, se fizer alguma coisa, fará pelo prazer ou para evitar a dor. Ele sempre pegará tudo o que puder e fará todo o possível para superar, contornar e, por fim, destruir todos os que estiverem em seu caminho.

Os modelos padrões dos economistas dizem que, no fundo, todos somos essa pessoa. Em todo caso, é a nossa faceta economicamente relevante. Portanto, é a faceta que os economistas devem estudar. Nosso traço mais fundamental é que queremos um número ilimitado de coisas. Tudo. Agora. Imediatamente. Os desejos ilimitados das pessoas são limitados apenas pelos recursos finitos do mundo e porque todos os outros também querem coisas. Tudo. Agora. Imediatamente. Quando não podemos ter tudo o que queremos, temos de escolher. Da escassez, nasce a escolha.

Escolha significa oportunidades perdidas. Ganhos perdidos que poderiam ter vindo de alternativas não escolhidas. Se alguém escolhe tomar uma direção, não pode escolher também a outra.

O homem econômico tem suas preferências.

Se ele prefere tulipas a rosas e rosas a margaridas, isso quer dizer que ele também prefere tulipas a margaridas. Ele sempre é racional – sempre escolhe o caminho menos custoso para atingir um objetivo. Pensamos no que queremos e depois agimos. Calculando a menor distância possível entre o ponto A e o ponto B. Tanto quanto possível, o mais barato possível. É disso que se trata. Você decide o que quer ter e em que ordem. Eu decido o que quero ter e em que ordem. Depois, tentamos conseguir. Preparar, apontar, foi dada a largada. Aí, a vida começa. E termina, do mesmo jeito. Compre na baixa, venda na alta.

A grande vantagem do homem econômico é que ele é previsível. É por isso que conseguimos expressar todos os problemas que ele encontra por meio de equações elegantes. Se as pessoas são como ele, elas podem ser computadas. Só existe o interesse pessoal, e a partir de um universo morto podemos estabelecer as leis naturais que governam a sociedade.

Como Robinson Crusoé, o homem econômico era um empreendedor moderno que se libertou de velhas opressões irracionais. Como Robinson Crusoé, ele era capaz de cuidar de si mesmo, não havia rei nem imperador que pudesse lhe dizer o que fazer. Ele era seu próprio rei ou imperador, era livre e ninguém era dono dele. Essa era a nova pessoa que a economia carregou para a nova era.

O homem econômico determinava a própria vida e deixava os outros determinarem as deles. Era muitíssimo capaz, simplesmente porque era humano. Suas faculdades racionais superiores o tornavam mestre de seu próprio mundo, não servo nem subordinado de alguém. Era livre. Em cada situação, podia pesquisar todas as possíveis alternativas com a velocidade da luz e tomar a melhor decisão possível. Ele se movia por um ambiente cheio de escolhas como um jogador de xadrez de primeira linha. É a natureza humana, diziam os economistas no século XIX. Era tolerante: o homem econômico não julgava as pessoas pela sua origem, mas pelo seu destino. Era também curioso e aberto a mudanças. Sempre queria estar ainda melhor. Ter mais. Ver mais. Experimentar mais.

O trabalho não tem valor intrínseco, pensa o homem econômico, mas, se quisermos chegar em algum lugar, é preciso trabalhar. Ele traça objetivos, luta para alcançá-los, tira-os da lista e segue em frente. Nunca fica preso ao que já passou; ele só olha para a frente. Se ele quiser você, vai fazer de tudo para ter você. Mentir, roubar, lutar e vender tudo o que tem. Ele está sozinho, mas sua solidão é cheia de paixão. Ele faz de tudo para satisfazer seus desejos. Mas prefere negociar e barganhar do que usar violência. Nem todo mundo pode mamar na teta ao mesmo tempo. Os recursos do mundo são limitados. Ele admira aqueles que são bem-sucedidos. Tudo tem a ver com prazer. Vida. Agarrar com as mãos algo pelo qual você trabalhou duro e poder dizer: "Isto é meu".

No fim do filme, ele caminha sozinho em direção ao pôr do sol.

Emoção, altruísmo, consideração, solidariedade não fazem parte de sua personalidade nas teorias econômicas padrão. O homem econômico pode expressar uma preferência pela solidariedade ou por certo sentimento, mas é uma preferência – da mesma forma que ele pode preferir maçãs a peras. Ele exige emoções – quer ter aquela experiência. Mas elas nunca fazem parte dele. Para o homem econômico, não há infância, dependências nem sociedade que o afete. Ele se lembra de seu próprio nascimento. Foi igual a qualquer outra coisa.

Racional, egoísta e divorciado de seu ambiente. Sozinho em uma ilha ou na sociedade. Não importa. Não há sociedade, apenas uma massa de indivíduos.

* * *

O LADO INVISÍVEL DA ECONOMIA

A economia se tornou a ciência de "conservar o amor". A sociedade era unida pelo interesse pessoal. Da mão invisível de Adam Smith, nasceu um homem econômico. O amor, então, foi reservado para a esfera privada. Era importante deixá-lo de fora.

Senão, o mel ia acabar.

Bernard de Mandeville, um médico holandês radicado na Inglaterra, publicou seu famoso livro *A fábula das abelhas* em 1714.[7] Com sarcasmo, ele escreve que, quando cada uma das abelhas vai atrás do próprio interesse ao mesmo tempo, elas descobrem o que é melhor para a colmeia. O interesse pessoal serve ao bem maior, desde que as abelhas não sejam interrompidas. Se alguém interferir, não haverá mel. Vaidade, inveja e ganância paradoxalmente aumentam a felicidade coletiva na colmeia. Esses sentimentos vis fazem as abelhas trabalharem ainda mais. Conseguimos crescimento econômico e mel em abundância. *A ganância é boa*. Por fim, podemos confiar no interesse pessoal.

Se todo mundo simplesmente for egoísta, então, como mágica, o egoísmo se transformará no que é melhor para o todo. É a mesma história contada por Smith. A "mão invisível" da economia pode transformar nosso egoísmo e nossa ganância em harmonia e equilíbrio. É uma história que, como os mais profundos mistérios da Igreja Católica, é capaz de nos investir de significado e nos absolver. Por meio de sua ganância e de seu egoísmo, você se reconciliará com os outros.

"Os Estados Unidos não têm sentido sem uma fé profundamente arraigada – e não me importa qual", disse o presidente Dwight D. Eisenhower.[8]

Ao longo dos séculos, a ideia de que a economia era guiada por uma mão invisível se desenvolveu com base no mito de que o mercado poderia praticamente causar o fim da história. Faça dinheiro, não faça guerra, como se as duas coisas não tivessem nada a ver uma com a outra. Supunha-se que, quando nossos interesses econômicos se tornassem ainda mais interconectados, os conflitos primitivos do passado não seriam mais necessários. Você não atira no seu primo porque ele é muçulmano se partilharem interesses econômicos. Você não mata seu vizinho porque sua filha transou com ele se seu negócio depender dele.

A mão invisível impede isso.

Os eventos sangrentos do século xx mostraram que as pessoas não são assim tão simples. Mas a história é boa. E pouca gente questiona uma boa história.

Pelo menos não em profundidade nem por vontade própria.

O mecanismo do mercado deveria conseguir criar a paz mundial e a felicidade para todos a partir de algo tão simples quanto nossos sentimentos normais, fundamentais. Não é de se surpreender que tenhamos sido seduzidos. A exploração não era mais pessoal. A mulher que se mata por seis dólares a hora não o faz porque alguém é mau ou a sentenciou a isso. Ninguém tem culpa, ninguém é responsável. É a economia, idiota. Não dá para escapar da economia. Na verdade, ela é sua essência.

Porque somos todos como o homem econômico.

CAPÍTULO 3

EM QUE FICA EVIDENTE QUE O HOMEM ECONÔMICO NÃO É UMA MULHER

Os homens sempre tiveram permissão para agir em nome do interesse pessoal – tanto na economia quanto no sexo. Para as mulheres, essa liberdade é um tabu.

Isso quando não é abertamente proibida.

A mulher recebeu a tarefa de cuidar dos outros, não de maximizar seu próprio ganho. A sociedade lhe disse que ela não pode ser racional porque o parto e a menstruação a amarram ao corpo, e o corpo foi identificado como o oposto da razão.

Nas mulheres, o desejo e a ganância sempre foram criticados mais duramente que nos homens.[1] Vistos como algo ameaçador, destrutivo, perigoso e anormal. "Me chamam de feminista sempre que eu expresso opiniões que me diferenciam de um capacho ou de uma prostituta", escreveu Rebecca West.[2] As mulheres nunca tiveram permissão para ser tão egoístas como os homens. Se a economia é a ciência do interesse pessoal, como a mulher se encaixa nela?

A resposta é que o homem teve permissão para representar seus interesses, e a mulher ficou representando o frágil amor que precisa ser conservado. Sendo excluída.

Apesar de a palavra "economia" vir do grego *oikos*, que significa "casa", os economistas há muito não se interessam pelo que acontece dentro de casa. A natureza altruísta das mulheres, dizia-se, as ligava à esfera privada e, portanto, ela não era economicamente relevante.

Atividades como criar filhos, limpar, lavar e passar roupas para a família não criam bens tangíveis que possam ser comprados, trocados ou vendidos. Portanto, também não contribuem com a prosperidade, pensavam os economistas do século XIX.[3] A prosperidade era tudo o que pudesse ser transportado, tivesse fornecimento limitado e direta ou indiretamente desse prazer ou evitasse dor.

Segundo essa definição, esperava-se que tudo a que as mulheres se dedicassem ficaria invisível. Os frutos do trabalho masculino podiam ser armazenados em pilhas e medidos em dinheiro. Os resultados do trabalho feminino eram intangíveis. Poeira que é varrida se acumula de novo. Bocas que foram alimentadas ficam com fome. Crianças que dormem acordam. E depois do almoço é hora de lavar a louça. Depois da louça, vem o jantar. E mais louça.

O trabalho doméstico é cíclico por natureza. Portanto, o trabalho da mulher não era uma "atividade econômica". O que ela fazia era apenas uma extensão lógica de sua natureza justa e amável. Ela sempre continuaria esse trabalho, portanto não era necessário gastar tempo quantificando isso. Vinha de uma lógica que não era a econômica.

Vinha do feminino. E do outro.

Essa forma de ver as coisas mudou nos anos 1950. Um grupo de homens do departamento de economia da Universidade de Chicago começou a acreditar que todas as atividades humanas podiam ser analisadas usando modelos econômicos, até mesmo as atividades econômicas das mulheres.[4] Somos indivíduos racionais não apenas porque competimos por nosso próximo bônus ou barganhamos em concessionárias, mas também porque limpamos atrás do sofá, penduramos as roupas limpas ou parimos bebês, pensaram eles. E o mais famoso desses economistas era um jovem da Pensilvânia chamado Gary Becker.

Com os outros pesquisadores de Chicago, Gary Becker começou a incluir fenômenos como trabalho doméstico, discriminação e vida familiar nos modelos econômicos.

Pode-se achar estranho que isso tenha acontecido em Chicago, uma escola caracterizada por uma dura agenda liberal e famosa por seu fanatismo econômico.

O departamento tinha se desenvolvido depois da guerra e ganhado fama como bastião da crítica econômica ao envolvimento estatal no mercado. Ali, às margens do lago Michigan, gritava-se mais alto por desregulamentação e diminuição de impostos do que em qualquer outro lugar. Milton Friedman, que depois inspirou políticos de direita como Margaret Thatcher de modo quase fanático, chegou à universidade em 1946; seu amigo George Stigler o acompanhou depois, em 1958.

Então, por que os economistas, especificamente os de Chicago, passaram a se preocupar com as mulheres?

Em 1979, o filósofo francês Michel Foucault deu uma série de palestras no Collège de France, em Paris.[5] Foi o mesmo ano em que Thatcher se tornaria primeira-ministra da Grã-Bretanha, dando legitimidade às ideias da nova direita. Foucault estava muito preocupado. Ele falou sobre Gary Becker e a ideia da Escola de Chicago de que cada parte da sociedade podia ser analisada com ajuda da lógica econômica. Todo mundo era como o homem econômico, garantia Becker e, portanto, a lógica econômica era tudo de que precisávamos para entender o mundo. Tudo era economia.

E a disciplina da economia devia, portanto, se expandir em uma teoria sobre o mundo todo.

Gary Becker era um fenômeno interessante, pensou Foucault, mas suas ideias eram extremas demais. A corrente predominante da economia nunca iria tão longe no caminho do imperialismo econômico, o pensamento de Gary Becker era um exagero. Nem a florescente direita neoliberal podia aceitar esse tipo de teoria. Era simplesmente absurda demais. Treze anos depois, em 1992, Gary Becker recebeu o Prêmio Nobel de Ciências Econômicas.

Naquela época, Michel Foucault tinha falecido havia sete anos, e a definição de economia de Gary Becker – de que era uma lógica passível de ser aplicada no mundo todo – tinha se tornado universal. O homem econômico se tornara dominante a tal ponto que os economistas já não se importavam se uma atividade criava bens tangíveis com uma etiqueta de preço. No mundo do homem econômico, tudo tinha preço – o que variava era a moeda. De repente, até tarefas tradicionalmente femininas podiam ser analisadas do ponto de vista da economia.

Os economistas de Chicago foram os primeiros a levar as mulheres a sério como parte da economia. O problema era o método deles. Como escreve a economista Barbara Bergmann, dizer que a "orientação deles não é feminista seria um eufemismo tão grande quanto dizer que tigres-de-bengala não são vegetarianos".[6] Os economistas de Chicago examinaram o mundo que a sociedade tinha designado às mulheres. Armados com seus modelos econômicos, eles puseram-se em campo para descobrir o que já sabiam. Porque já tinham a resposta: o homem econômico. Um sonho de ordem onde tudo podia se reduzir ao mesmo caldo. Objetivo, limpo e completamente claro. Um sistema de inevitabilidades.

De fato, as mulheres, há milhares de anos, foram sistematicamente excluídas de partes da sociedade que detinham o poder econômico e político, mas isso pode ter sido um erro descuidado. Uma mulher pode, é claro, ser um ser econômico, tanto quanto um

O LADO INVISÍVEL DA ECONOMIA

homem. Se ele era independente, isolado e competitivo, ela também poderia ser. Ela deve ser assim, senão, como seria? Os economistas de Chicago começaram a fazer perguntas totalmente novas usando a mesma lógica econômica.[7] Por que as pessoas se casam?, eles se perguntavam. Para maximizar sua própria utilidade. Por que as pessoas têm filhos? Para maximizar sua própria utilidade. Por que as pessoas se divorciam? Para maximizar sua própria utilidade. Os economistas escreviam as fórmulas e calculavam as equações. Vejam, vejam, funciona! Até com mulheres.

Se as mulheres ganhavam menos, devia ser porque mereciam ganhar menos, racionalizaram. O mundo era um lugar racional, e o mercado sempre estava certo – se o mercado decidiu que as mulheres devem ganhar menos, deve ser isso que elas merecem. A tarefa dos economistas era simplesmente explicar por que a avaliação do mercado, mesmo nesse caso, estava correta.

Os salários mais baixos das mulheres eram resultado de elas serem menos produtivas, concluíram os economistas.[8] Elas não eram preguiçosas nem menos talentosas, mas simplesmente não era racional que uma mulher fizesse o mesmo esforço no trabalho que um homem. Afinal, ela tiraria uma licença por alguns anos para dar à luz. Não havia motivo para estudar mais ou tentar tanto. Assim, as mulheres investiam menos em suas carreiras e, portanto, ganhavam menos.[9]

Essa análise se tornou influente. Mas, quando as teorias eram comparadas com a realidade, ficava claro que as explicações não eram legítimas.[10] Muitas mulheres tinham tanta instrução quanto alguns homens e ainda assim ganhavam menos – independentemente de quanto trabalhavam. Parecia haver algo chamado "discriminação", e como os economistas de Chicago poderiam explicar isso?

A teoria de Gary Becker sobre discriminação racial é sua tentativa mais conhecida.[11] Becker garantiu que a discriminação racial acontecia porque certas pessoas simplesmente preferiam não se misturar com negros. Se todos eram racionais e a discriminação ocorria, então a discriminação devia ser racional.

Um cliente racista talvez prefira não ir a um restaurante que serve negros, assim como talvez prefira tomar café com quatro dedos de leite. Sendo assim, vendedores negros podem afastar certos consumidores, racionalizou Becker. Para compensar, os empregadores pagam menos aos funcionários negros. Funcionários brancos racistas também podem exigir compensação por serem forçados a trabalhar com negros e clientes racistas podem exigir preços menores: se alguém quer atrair clientes racistas apesar de ter funcionários negros, tem que compensá-los pelas mãos negras que embalam suas mercadorias. Tudo isso combinado diminui o salário dos negros.

Gary Becker achava a discriminação desagradável. Mas estava convencido de que o mercado podia resolver isso. Bastava não fazer nada.

A Loja A, que só tem clientes brancos, acabaria sendo expulsa dos negócios pela Loja B, que seria mais lucrativa justamente porque empregava pessoas negras e tinha custos menores. Além disso, as empresas perceberiam que era mais barato dividir a mão de obra. Negros e brancos poderiam trabalhar em lojas diferentes dentro da mesma empresa – aí, o funcionário não teria de compensar os racistas brancos com salários maiores. Em outras palavras: tudo será justo e todos ganharão menos.

O problema foi que as coisas não aconteceram como os economistas esperavam.[12] A discriminação não acabou – nem em relação aos negros, nem em relação às mulheres. No que diz respeito à discriminação de gênero, eles tinham outras explicações a oferecer. Esta era a teoria de Gary Becker sobre o trabalho doméstico:

O que uma mulher casada faz quando chega em casa do trabalho? Ela limpa a pia, passa a roupa e faz a lição de casa com as crianças. O que um homem casado faz quando chega em casa? Lê o jornal, vê televisão e talvez brinque com as crianças um pouco, imaginou Becker.[13]

Mulheres que trabalham simplesmente passam mais horas de seu tempo livre no trabalho doméstico, e isso é mais cansativo do que estar de folga. Eis a razão, segundo Becker, de se pagar menos às mulheres. Todo esse período lendo histórias e limpando pias as deixava mais cansadas que os homens. Por isso, não conseguiam se esforçar tanto no escritório.

Ao mesmo tempo, os economistas afirmavam o oposto – que o motivo pelo qual as mulheres faziam mais trabalhos domésticos era porque elas ganhavam menos. Como ganhavam menos, a família perdia menos com a mulher ficando em casa.

Em outras palavras, o baixo salário das mulheres se devia ao fato de elas fazerem mais trabalho doméstico, mas o fato de as mulheres fazerem mais trabalhos domésticos, por sua vez, significava que elas ganhavam menos.

A Escola de Chicago calculava em círculos.

Outras teorias sobre mulheres e trabalhos domésticos se baseavam na ideia de que as mulheres simplesmente eram feitas para isso. Se era verdade que mais mulheres lavavam a louça, assoavam o nariz das crianças e faziam listas de compras, então devia ser porque essa era a divisão do trabalho mais eficiente. Os economistas estruturavam as famílias em unidades com um desejo único, uma espécie de pequena empresa que agia independentemente a partir de uma função compartilhada.

O homem vestia o terno e a mulher vestia o avental porque ela era melhor no trabalho doméstico. Se o homem usasse o avental, seria menos eficiente, e a família como um todo sairia perdendo. Como os economistas sabiam disso? Bem, se a família não se beneficiasse das mulheres cuidando da casa, então os homens é que estariam cuidando. E não estavam.

Eles não formularam nenhum argumento real segundo o qual as mulheres seriam mais eficientes domesticamente. Quando escreviam algo, era uma breve afirmação relacionada com a biologia.[14]

A legitimação do patriarcado quase sempre se refere ao corpo. Ser humano é subordinar o corpo ao intelecto, e pensava-se que a mulher não era capaz de fazer isso, portanto, não deveria também ter direitos humanos. Era a racionalização da sociedade. A mulher se tornou "corpo" para o homem poder ser "alma". Ela ficou cada vez mais atada a uma realidade corpórea para que ele pudesse se libertar dela.

Em outras palavras, era fácil para os economistas de Chicago se referirem à biologia. Por centenas de anos, a afirmação de que algo é natural significou que não poderia e não deveria mudar. Foi dessa forma que aprendemos a pensar sobre a relação entre o que é natural e o que é possível. Supomos que fatos biológicos carreguem conclusões políticas, e que é tão impossível se rebelar contra essas regras quanto contra a própria natureza. O fato de que haja diferenças biológicas entre homens e mulheres é visto como justificativa de certo tipo de política, e há quem pense que a única forma de rejeitar esse tipo de política é negar as diferenças. Mas a questão não é diferenças biológicas. A questão é: quais conclusões tiramos da existência delas? O fato de a mulher ter filho significa apenas que mulher tem filho. Não que ela deva ficar em casa para criá-lo até ele entrar na faculdade.

O fato de o coquetel de hormônios das mulheres conter mais estrogênio significa apenas que o coquetel de hormônios das mulheres contém mais estrogênio. Não que ela não deva ensinar matemática.

O fato de que a mulher tem uma parte do corpo cujo único propósito é dar prazer significa apenas que a mulher tem uma parte do corpo cujo único propósito é dar prazer. Não que ela não deva estar em um conselho administrativo.

Sigmund Freud de fato afirmou que as mulheres eram inerentemente melhores na limpeza.[15] O pai da psicanálise achava que isso tinha a ver com a sujeira inerente da vagina. As mulheres esfregavam,

O LADO INVISÍVEL DA ECONOMIA

limpavam e tiravam pó para compensar uma sensação do próprio corpo. Mas, na verdade, Freud não sabia muito de vaginas, certo? O órgão sexual feminino é um elegante sistema autorregulatório – muito mais limpo, por exemplo, que a boca.[16] Inúmeros lactobacilos (do tipo que também se encontra no iogurte) trabalham o tempo todo para deixar tudo limpinho.

A vagina saudável é um pouco mais ácida que um café puro (pH –5), mas menos ácida que um limão (pH –2). Freud não sabia do que estava falando.

Não há nada na biologia de uma mulher que a torna mais adequada ao trabalho doméstico não remunerado. Ou a se esgotar em um emprego incrivelmente mal pago no setor público. Para legitimar a relação global entre poder econômico e ter um pênis, será preciso procurar em outro lugar. Os economistas de Chicago nunca chegaram muito longe. Mesmo trabalhando de acordo com o modelo deles, é de se pensar: seria de fato racional ter especialização total dentro de uma casa? Seria de fato "valioso" que um adulto se dedicasse ao trabalho doméstico e o outro, a uma carreira? Ainda que o mundo fosse totalmente racional, é razoável que uma família decida que um adulto deve passar todo o seu tempo em trabalho doméstico não remunerado e o outro, todo o seu tempo em trabalho pago fora de casa? Independentemente de quem faz o quê, será que essa divisão de trabalho é mesmo eficiente?

Sim, talvez, se você tiver catorze filhos, nenhum lava-louça e fraldas de pano que têm de ser fervidas em uma enorme bacia no jardim. Quando o trabalho doméstico demanda tanto tempo e esforço, ter uma pessoa que se dedica a ele provavelmente é mais eficiente. São tarefas difíceis e complexas e, passando todas as suas horas acordadas nelas, você as fará melhor. A especialização dessa pessoa torna a família como um todo mais produtiva. Mas em uma sociedade moderna, com famílias com menos filhos, não pode ser um ganho assim tão grande. Apertar um botão do lava-louça ou trocar o saco do aspirador de pó não é algo que fica muito mais rápido mesmo que você venha fazendo isso em período integral há uma década. Mas os economistas de Chicago não eram pensadores tão progressistas.

Além disso, o raciocínio deles supõe que a experiência que se ganha no trabalho doméstico não é útil no mercado de trabalho. A pessoa que se responsabiliza pela vida familiar perde experiência de trabalho, então é natural que ele ou ela ganhe um salário menor, pensaram. Ou seja, o que você aprende com o trabalho não remunerado em casa só se aplica à casa.

Mas quem disse que você não se torna uma chefe melhor fazendo uma casa funcionar sem problemas? Quem disse que, por exemplo, não dá para se tornar uma analista mais astuta cuidando de crianças? Como pai ou mãe, você tem que ser economista, diplomata, faz-tudo, político, cozinheiro e enfermeiro.

Brincar, ter paciência, ceder. As grandes questões: mãe, por que o céu é azul? Pai, por que o canguru carrega seu bebê na barriga? Mãe, quanto tempo é para sempre?

Quando alguém, como os economistas de Chicago, supõe que uma casa funciona com tarefas separadas, todos os conflitos dentro dessa família se tornam invisíveis. Na realidade, a renda obtida fora de casa pode ter um impacto nas relações de poder dentro da família e, por sua vez, influenciar as escolhas. A mamãe tem menos poder de decisão porque o papai paga as contas.

Seria uma hipótese absurda – como tanto do que chamamos de economia – pensar que a competição e o poder de barganha sejam importantes em todos os lugares, exceto em uma família.

Independentemente de como faziam seus cálculos, em princípio, os economistas sempre concluíam que a subordinação da mulher era racional. Sua posição econômica em segundo plano no mundo devia ser uma função do livre-arbítrio, pois o que mais poderia ser?

A imagem do indivíduo na história da economia não tem corpo e é, portanto, assexuada. Ao mesmo tempo, o homem econômico possui todas as qualidades que nossa cultura tradicionalmente

O LADO INVISÍVEL DA ECONOMIA

atribui à masculinidade. Ele é racional, distante, objetivo, competitivo, solitário, independente, egoísta, motivado pelo senso comum e pronto para conquistar o mundo.

Ele sabe o que quer e sai para conquistar.

Tudo o que ele não é – sentimento, corpo, dependência, afinidade, abnegação, ternura, natureza, imprevisibilidade, passividade, conexão – é o que tradicionalmente se associa às mulheres.

Mas isso é só uma coincidência, dizem os economistas.

Quando os economistas de Chicago descobriram que as mulheres existem, eles as adicionaram ao modelo como se fossem iguaizinhas ao homem econômico. Mas isso acabou sendo mais difícil do que Gary Becker imaginava. Desde a época de Adam Smith, essa teoria dependia de alguém que representasse o cuidado, a consideração e a dependência. O homem econômico pode representar a razão e a liberdade precisamente porque alguém representa o oposto. O mundo pode ser dirigido pelo interesse pessoal porque há outro mundo que é dirigido por outra coisa. E esses dois mundos precisam ser separados. O masculino sozinho. O feminino sozinho.

Se você quer fazer parte da história da economia, tem de ser como o homem econômico. Tem de aceitar a versão de masculinidade dele. Ao mesmo tempo, o que chamamos de economia sempre depende de outra história. De tudo o que é excluído para que o homem econômico possa ser quem ele é.

De modo que ele possa dizer que não há outra coisa.

Alguém tem de ser a emoção, para que ele possa ser a razão. Alguém tem de ser o corpo, para ele não ter de ser. Alguém tem de ser dependente, para que ele possa ser independente. Alguém tem de ser terno, para que ele possa conquistar o mundo. Alguém tem de ser abnegado, para que ele possa ser egoísta.

Alguém tem de preparar um bife para que Adam Smith possa dizer que esse trabalho não conta.

Capítulo 4

Em que vemos que nosso pacto com o homem econômico não está saindo como esperávamos

"A economia estuda o dinheiro e por que ele é bom", disse Woody Allen,[1] e é é necessário pensar por que não é assim tão simples.

O economista britânico John Maynard Keynes certa vez calculou que cada libra que o marinheiro Francis Drake saqueou da Espanha em 1580 e levou para a rainha Elizabeth passou a valer 100 mil libras 350 anos depois. A soma total era tão grande quanto a riqueza do Império Britânico fora da Europa no auge de seu poder.[2]

Keynes escreveu isso em 1930. Wall Street tinha entrado em colapso no ano anterior, e o mundo estava a caminho da Grande Depressão.

Onze mil bancos americanos quebrariam, o desemprego chegaria perto de 25 por cento e cerca de metade das crianças americanas cresceria sem comida suficiente. As repercussões seriam globais. O comércio mundial pararia, o fascismo avançaria e a escuridão se abateria sobre a Europa. A própria Grã-Bretanha de Keynes estava em uma depressão desde meados dos anos 1920. Os tempos não eram nada cor-de-rosa. Mas John Maynard Keynes era um otimista.

Ele achava que um processo similar aos investimentos feitos para que as libras roubadas de Francis Drake rendessem poderia ajudar a resolver os problemas econômicos do século xx. Se investíssemos nossos recursos corretamente, eles se multiplicariam. Juros sobre juros e, um século depois, ninguém nunca mais passaria fome.[3] Os problemas econômicos do mundo podiam ser administrados. Podíamos e devíamos superá-los. Um dia, eles seriam apenas lembranças de um tempo pior e mais escasso. Habitações inferiores, falta de comida, fracassos no sistema de saúde. Pobreza. Desesperança. Fome. Crianças desnutridas. E adultos de olhos vazios.

A solução se chamava crescimento econômico. Se conseguíssemos fazer a economia crescer, as pessoas, ao menos na Europa e nos Estados Unidos, poderiam parar de se preocupar em torno de 2030. Segundo os cálculos de Keynes, estaríamos tão bem que poderíamos até parar de trabalhar. Em vez disso, nos dedicaríamos à arte, à poesia, aos valores espirituais, à filosofia, a ter prazer na vida e a admirar "os lírios do campo". Era assim que Keynes descrevia. O crescimento era o meio; os lírios do campo, o fim.

A esse John Maynard Keynes que escrevia, ali no bairro de Bloomsbury, em Londres, em 1930, parecia que as pessoas tinham de organizar a vida de acordo com o mercado. Era a única forma de resolver os problemas materiais do mundo, infelizmente. Keynes considerava que o mercado envolvia muitas coisas desagradáveis, para dizer o mínimo.

Inveja, ganância e competição. Nos últimos duzentos anos, tivemos de cultivar esses valores como se fossem o auge da moralidade, dizia o economista britânico. Sem abelhas egoístas, não haveria mel. Não tínhamos outra escolha. Temos de fingir que o justo é injusto e que o injusto é justo, escreveu Keynes, porque o injusto é útil e o justo, não. A ganância funciona. Lamentavelmente.

Como Adam Smith, Keynes pensava que o amor era escasso. O interesse pessoal era a locomotiva que colocaria em andamento o trem econômico. Quanta pobreza! Conciliar-nos com as necessidades materiais precisa ser a prioridade. Lírios, espiritualidade e tudo o mais podem esperar. Até Mahatma Gandhi disse: "Há pessoas no mundo com tanta fome que Deus só pode aparecer para elas na forma de um pão".[4]

O homem econômico e os ideais que ele representava podiam nos tornar ricos. Aí, poderíamos jogá-lo para fora do barco. A economia era o meio, os lírios do campo, o fim. Desfrutaremos deles depois. Agora, não há tempo. Para Keynes, o homem econômico era um idiota útil – alguém de quem, no fim, podemos nos livrar. Obrigada e adeus.

Quando resolvêssemos nossos problemas econômicos, poderíamos enxergar o homem econômico e seus defeitos. "Uma dessas tendências meio criminosas, meio patológicas que a gente entrega aos especialistas em doenças mentais, com certo descaso", como disse o próprio Keynes.[5]

Ele ansiava pelo dia em que as pessoas pudessem dedicar-se à verdadeira arte de viver. Quando nossos problemas econômicos estivessem resolvidos, a economia poderia ser deixada de lado. Devia virar assunto de um pequeno grupo de especialistas, "como a odontologia".

"Se os economistas conseguissem fazer as pessoas pensarem neles como profissionais humildes e competentes, como os dentistas, seria esplêndido!", escreveu Keynes, em uma frase célebre.

Vã esperança!

De certa forma, John Maynard Keynes estava correto. Estávamos ricos. O desenvolvimento econômico do mundo excedeu todas as expectativas. No sombrio início de 1930, não era nada óbvio que a economia fosse se desenvolver. John Maynard Keynes era de fato um otimista, acreditava no poder do crescimento. Nem ele, porém, podia ter imaginado o fenômeno que é a China moderna, um país que cresce 9 por cento ao ano há três décadas e com uma classe média que pulou de 174 milhões para 806 milhões de pessoas em quinze anos.[6]

A China é excepcional. Mas mesmo o crescimento no Ocidente excedeu as expectativas de Keynes. Juntemos a isso os incríveis avanços em todas as áreas, da medicina à bioquímica, tecnologia de computadores, telecomunicações e transportes. Se é mérito do homem econômico, então ele certamente tem pontos fortes. Quanto ao estado de coisas que Keynes imaginou que viria depois – calma, felicidade, lírios, economistas como dentistas legais e competentes –, nada parece mais distante disso.

A nossa sociedade ficou mais obcecada do que nunca com a economia. O pensamento "econômico", que seria colocado de lado para dar lugar a outras coisas, conforme Keynes imaginara, se entranhou ainda mais em nossa cultura.

John Maynard Keynes achava que podíamos fazer um pacto com os ideais econômicos: eles nos ajudariam a criar prosperidade e, depois, nos deixariam levar a vida.

Uma vida melhor, como não teria sido possível de outra forma.

O homem econômico de fato criou prosperidade. Mas ele não recuou.

Ele nos dominou.

E a economia não ficou em segundo plano para que pudéssemos nos devotar à arte, às questões espirituais e a desfrutar a vida como Keynes imaginou. Ao contrário. Em vez disso, passou-se a aplicar a economia a tudo – incluindo arte, questões espirituais e desfrutar a vida.

Livrarias e quiosques empilham livros como *Freakonomics*, *Descubra o seu economista interior* ou, por que não?, *Como encontrar um marido depois dos 35 usando o que aprendi na Harvard Business School*. São *best-sellers* que ensinam a aplicar os princípios

O LADO INVISÍVEL DA ECONOMIA

do mercado a tudo, desde a vida amorosa até a próxima visita ao clínico geral. *Freakonomics* vendeu mais de 4 milhões de cópias no mundo todo. Seu ponto de partida é que a lógica do mercado pode explicar tudo sobre as pessoas, como pensamos e como agimos. Com a ajuda da economia, é possível calcular a coisa toda: dos benefícios do sorvete de creme até o valor de uma vida humana.

Se uma pessoa gosta de passar tempo com a avó e de comer pudim, então sempre haverá uma quantidade de pudim capaz de compensá-la por nunca mais ver a avó, dizem os modelos econômicos padrão. Argumenta-se que eles podem nos dizer quase tudo sobre as coisas da vida.

Essa tendência não tem lugar apenas em livros de ciência vulgares. Nas universidades, os economistas analisam facetas ainda mais substanciais da existência como se fossem um mercado. Do suicídio (o valor de uma vida humana pode ser calculado como o valor de uma empresa, e chegou a hora de fechar as portas)[7] a orgasmos fingidos (um cara não precisa estudar como os olhos dela viram, a boca se abre, o pescoço fica vermelho e as costas arqueiam – ele pode calcular se ela realmente gozou).[8]

A questão é: o que Keynes pensaria de um economista como David Galenson? Galenson desenvolveu um método estatístico para calcular quais as obras de arte mais significativas. Se perguntar a ele qual é a tela mais renomada do século passado, ele dirá: *Les Demoiselles d'Avignon*. Ele calculou.[9]

Em termos numéricos, as coisas imediatamente se tornam certezas. Cinco prostitutas na Carrer d'Avinyó, em Barcelona. Corpos ameaçadores, quadrados, desconectados, dois com rosto de máscara africana. A grande pintura a óleo finalizada por Picasso em 1907, segundo Galenson, é a obra de arte mais importante do século XX porque aparece com mais frequência em ilustração de livros. Essa é a medida que ele usa. Supõe-se que o mesmo tipo de análise econômica que explica o preço do alho-poró ou do biocombustível deve explicar nossas experiências com a arte.

A economia já não é o meio que nos libertará do material para podermos sentir prazer com a arte, como pensou Keynes. A economia é a lógica por meio da qual devemos ver a arte.

E tudo o mais.

Discutir o que faz uma obra de arte economicamente valiosa, por que uma tela vale 12 milhões e outra vale 100, é uma coisa.[10] Outra coisa completamente diferente é dizer, como Charles Gray, coautor de *The Economics of Art and Culture* [A economia da arte e da cultura]: "Queremos acreditar que há algo especial nas artes, mas não acredito que haja uma diferença entre valor artístico e valor econômico".[11]

Ou seja: uma análise econômica de valor pode ser aplicada a tudo. A análise econométrica de valor é a única existente. A economia não é a ciência que nos propiciará a dedicação a coisas mais importantes. Pelo contrário, a lógica econômica é a única verdadeira.

Keynes queria que a humanidade acabasse por dissolver seu pacto com o homem econômico. "A ganância é boa" não passava de palavras.

Apesar do crescimento material, "o problema econômico" está longe de ser resolvido. Se entrarmos no jogo e dividirmos o crescimento anual do mundo em partes iguais, uma para cada um dos 6,5 bilhões de habitantes do mundo, teremos 11 mil dólares por pessoa e ninguém mais terá de passar fome.[12] Se pararmos de jogar esse jogo e olharmos em volta, as coisas são bem diferentes.

Metade da população do mundo vive com menos de 2 dólares por dia. A maioria dessas pessoas é mulher. A pobreza se tornou uma questão feminina e, para milhões de mulheres, a busca por uma vida melhor significa viver longe, muitas vezes longe demais de seus filhos – ou amando os filhos de outras em troca de pagamento, ou trabalhando como faxineira, garçonete, operária, trabalhadora agrícola, prostituta ou qualquer outra coisa no lado obscuro da economia.

O LADO INVISÍVEL DA ECONOMIA

Países incrivelmente ricos fazem fronteira com países incrivelmente pobres, e pessoas incrivelmente ricas vivem a quarteirões de distância de pessoas incrivelmente pobres, tanto em países ricos quanto em países pobres. A economia global uniu a mulher ocidental e suas irmãs menos privilegiadas do Sul e do Leste. Hoje, elas frequentemente vivem sob o mesmo teto – mas não no mesmo mundo. Encontram-se como empregadora e empregada. Senhora e serva. Todo ano, cerca de meio milhão de mulheres morre durante o parto.[13] A maioria sobreviveria se tivesse acesso a cuidados médicos. Apesar de não haver uma única organização internacional que não escreva lindas resenhas para a imprensa sobre como as mulheres são a chave do desenvolvimento em países pobres, o mundo continua sistematicamente falhando em investir em educação e saúde para elas. No país mais rico do mundo, os Estados Unidos, o risco de uma mulher morrer no parto é maior que em outros quarenta países.

A vida dos homens é valiosa. A vida das mulheres é valiosa em relação à dos homens. Eles recebem saúde e alimentos antes delas. Isso resulta em altas taxas de mortalidade entre mulheres em partes do Norte da África, na China e no Sul Asiático. Um menino tem valor econômico para uma família, e o acesso à tecnologia tornou possível ver o sexo do feto ainda no útero. Abortar garotas por serem garotas ainda é comum no Sul da Ásia, na China e na Coreia do Sul, bem como em Cingapura e Taiwan.

Na China, há 107 homens para cada 100 mulheres. Na Índia, 108. O economista Amartya Sen calculou que, se as mulheres recebessem cuidados e nutrição iguais, haveria 100 milhões de mulheres a mais na Terra.[14]

Essas 100 milhões de mulheres que não existem são a consequência mais extrema de um sistema em que 70 por cento dos pobres do mundo são mulheres.[15] Em que 1 por cento da população dos Estados Unidos ganha sozinho um quarto da renda cumulativa.[16] Em que famílias ricas em Hong Kong, Palm Springs e Budapeste permitem que suas casas sejam cuidadas por faxineiras e babás que vivem em favelas.

Hoje, o mundo tem problemas econômicos de uma natureza que Keynes jamais poderia ter imaginado. Os pobres morrem de desnutrição no Sul, mas de obesidade no Oeste. Um estado norte--americano rico como a Califórnia gasta mais dinheiro com prisões que com universidades.[17] Pais trabalham tanto para comprar coisas para a família que não têm tempo de ver os filhos. A maioria das pessoas se preocupa com não ter dinheiro suficiente – mesmo nas confortáveis classes médias.

Ao mesmo tempo, um mundo de consumo infinito e de segregação social total foi fantasiado e realizado por uma pequena elite global. É a existência dele que se valoriza como ideal. Não os lírios de Keynes. O famoso economista supôs que trabalharíamos menos e consumiríamos menos quando ficássemos mais ricos. Quem dera!

Em 12 de dezembro de 1991, muito antes de se tornar vice-secretário do Tesouro na administração Bill Clinton, presidente da Universidade de Harvard ou diretor do Conselho Nacional Econômico da Casa Branca na administração Barack Obama, Lawrence Summers assinou um memorando interno. Na época, Summers era economista-chefe do Banco Mundial, e o artigo foi enviado para outras quatro pessoas.

"Cá entre nós", escreveu Summers, "será que o Banco Mundial não deveria estar encorajando MAIS migração das indústrias poluentes para os países menos desenvolvidos?". Ele continuava: "Sempre achei que os países subpopulosos da África são amplamente SUBpoluídos. [...] Acho que a lógica econômica que está por trás do monte de lixo tóxico jogado no país de menor renda é impecável e devíamos aceitá-la".[18]

O memorando não tinha sido escrito pelo próprio Summers, descobriu-se depois. Um jovem economista que trabalhava para ele o tinha elaborado. Lawrence Summers leu o texto e assinou, para dar peso. Summers também defendeu o memorando como se fosse seu. A lógica econômica era, claro, "impecável". Ainda assim, ele dizia que o argumento estava fora de contexto. O memorando tinha sido escrito para provocar. E certamente provocou. Vazou na mídia, e os ambientalistas explodiram. Como um braço da Organização das Nações Unidas (ONU) como o Banco Mundial podia pensar dessa forma? Que devíamos jogar lixo tóxico nos pobres?

A revista *The Economist*, que publicou o texto de Summers, abordou a questão com mais calma; o tom, claro, era "grosseiro, até para um memorando interno", pensavam, mas a lógica econômica era, como disse Summers, "impecável".

Para quem não tinha um curso básico de economia, talvez fosse difícil compreender. Mas era preciso primeiro entender que a "lógica econômica" não é apenas um tipo de lógica, mas uma grande história sobre o significado da existência humana.

Pois a motivação essencial das pessoas é econômica, os economistas é que entendem as pessoas. Eles podem nos dizer como organizar o mundo para nos beneficiarmos ao máximo de sua natureza mais íntima. Que é, claro, lucrar com todas as coisas. Encontrar o menor preço – a qualquer custo.

O raciocínio de Summers é que, se mudarmos as indústrias poluentes de Frankfurt para Mombaça, tanto Frankfurt quanto Mombaça se beneficiarão. Frankfurt terá um ambiente mais saudável, e Mombaça terá mais oportunidades de emprego. Dane-se a poluição.

Pode soar grosseiro, e essa é a questão: outros talvez contem histórias mais belas, mas a história verdadeira é a do economista. O homem econômico é quem somos, querendo ou não, dizem os modelos padrão de economia.

O lixo prejudicial ao meio ambiente vai, claro, criar problemas para os habitantes de Mombaça – assim como criou para os habitantes de Frankfurt. Mas "[a] demanda por um ambiente limpo devido a razões estéticas e de saúde é provável que seja muito afetada pela chamada elasticidade-renda da demanda", como diz o memorando de Summers. Ele calculou que uma maior chance de, digamos, câncer de próstata é pior para pessoas de um país onde elas vivam o suficiente para desenvolver esse câncer. Em países onde as taxas de mortalidade para crianças menores de cinco anos é 20 por cento, é provável que as pessoas tenham coisas mais urgentes com que se preocupar.

O Ocidente exportar esse maior risco de câncer de próstata junto com o lixo seria o menor dos problemas dos habitantes de Mombaça. Eles aceitariam a oferta. Precisam do dinheiro e precisam das oportunidades de emprego. Deve ser racional, senão, eles não concordariam. Porque tudo o que as pessoas fazem é racional.

Imaginemos, dizem os economistas, que o Quênia não é um país, mas um indivíduo.[19] Podemos facilmente imaginar que um país é um indivíduo. Os países agem exatamente como indivíduos racionais. Imaginemos, então, que a Alemanha também é um indivíduo racional, e chamaremos o Quênia de "Senhor Q" e a Alemanha de "Senhor A".

O Senhor Q é pobre e tem fome. O Senhor A é rico e está saciado. Mas o Senhor A também tem um enorme balde de lixo radioativo. Então, o Senhor A oferece ao Senhor Q 200 euros para cuidar do lixo para ele.

Duzentos euros não é dinheiro demais para o Senhor A. Mas é uma quantidade incrível para o Senhor Q. Como o Senhor Q não se importa de ficar radioativo (ele está ocupado com a fome), aceita a oferta. Todo mundo fica mais rico. Todo mundo está feliz. Todo mundo vence.

Esse raciocínio se baseia na ideia de que somos todos indivíduos calculistas e racionais, com preferências estáveis e evidentes por si mesmas. O modelo não leva em consideração o que aconteceria se o Senhor A, por exemplo, tivesse de viver com o lixo em seu apartamento em Frankfurt. Talvez o Senhor A encontrasse uma solução técnica de longo prazo. Neste caso, ele só pode vender o problema para o Senhor Q. E o Senhor Q não tem formação suficiente para desenvolver uma solução de longo prazo. O mundo, portanto, nunca encontrará uma. E, no longo prazo, a sociedade sairá perdendo. Isso não é racional? Essas possibilidades fazem parte de um cenário que o modelo não leva em consideração. Não importa o tamanho da fome do Senhor Q. Ele ainda é um indivíduo calculista e racional com controle total sobre o que faz. Concorda em ser o lixeiro do Senhor A porque é racional fazê-lo. A lógica econômica impecável só vê dois indivíduos em uma ilha deserta, cada um com uma necessidade. Não há contexto, não há futuro, não há conexão.

"Seu raciocínio é perfeitamente lógico, mas completamente insano", escreveu José Lutzenberger, então secretário de Meio Ambiente do Brasil, a Lawrence Summers.[20]

A lógica econômica impecável é uma coisa. A região em torno da cidade de Guiyu, na China, é outra.[21]

Todo ano, 1 milhão de toneladas de lixo eletrônico são enviadas para Guiyu, na província de Guangdong, na China. Cento e cinquenta mil pessoas trabalham para separá-lo e fragmentá-lo. A maioria faz parte de pequenos negócios familiares, e muitas são mulheres.

Computadores, telas, impressoras, aparelhos de DVD, fotocopiadoras, baterias de automóvel, fornos de micro-ondas, alto-falantes, carregadores de telefones e telefones. Com pequenas ferramentas e as próprias mãos, elas desmontam tudo. Fervem as placas de circuito para recuperar o chip. Queimam os fios para liberar os metais. Para extrair ouro dos microchips, é preciso um banho corrosivo e tóxico de ácido. A terra ao redor da cidade é cheia de chumbo, cromo, estanho e outros metais pesados. A água do lençol freático está envenenada. O rio está preto. Os níveis de chumbo no sangue das crianças são 88 por cento mais altos que nas áreas vizinhas.

As leis chinesas proíbem a importação de lixo eletrônico. Pequim até assinou a Convenção de Basileia que impede que o lixo eletrônico seja transportado para países mais pobres, mas, até agora, não teve eficácia. Noventa por cento de todo o lixo eletrônico dos Estados Unidos é exportado ou para a China ou para a Nigéria. A lógica econômica pode ser impecável. Em Guiyu, o preço da água é dez vezes mais alto que no município vizinho de Chendian. Porque, agora, é em Chendian que eles precisam ir buscar água. A sua água está envenenada.

Oitenta anos depois de Keynes, há poucos que, como ele, definiriam que o propósito da economia é libertar o mundo da pobreza. A ciência econômica já não se vê dessa forma.

No que diz respeito a escolher lados, entre ricos e pobres, poderosos e impotentes, trabalhadores e negócios, homens e mulheres, os economistas das últimas décadas estão do mesmo lado. O que é bom para os ricos e poderosos quase sempre é "bom para a economia". Enquanto isso, a ciência econômica se torna cada vez mais abstrata: lares fictícios, negócios fictícios e mercados fictícios. Tudo baseado no homem econômico.

Os economistas estão cada vez mais interessados em aplicar seus modelos a tudo, de racismo a orgasmos, e menos interessados em estudar como funcionam os mercados reais.

Ao mesmo tempo, os problemas com os quais Keynes se preocupava estão longe de serem resolvidos. Em muitos casos, também se tornaram invisíveis.

Quando todos somos indivíduos racionais, questões como raça, classe e sexo se tornam irrelevantes. Ora, somos todos livres. Como a mulher no Congo. Aquela que concorda em transar com homens da milícia em troca de três latas de comida. Ou a mulher no Chile.

O LADO INVISÍVEL DA ECONOMIA

Aquela que trabalha como apanhadora de frutas, embora a exposição aos pesticidas vá causar danos ao sistema nervoso da filha que ela terá dois anos depois. Ou a mulher no Marrocos. Aquela que aceita um emprego em uma fábrica e aí tem de forçar a filha mais velha a sair da escola para poder cuidar dos irmãos. Elas sempre têm uma visão completa das consequências de suas ações. Sempre tomam as melhores decisões possíveis.

Liberdade não passa de mais uma palavra, nada mais.

Os economistas estão convencidos de que representam as causas mais profundas do comportamento humano. Seus críticos estão apenas arranhando a superfície – se você torturar bem os dados, eles acabarão revelando a verdade: tudo é o homem econômico.

Uma lógica. Um mundo. Uma forma de ser. Que lírios?

Capítulo 5

Em que adicionamos as mulheres e mexemos

"Eu tenho o maior pau deste prédio", costumava gritar Judith Regan, uma das mais temidas empresárias dos Estados Unidos, de sua mesa na editora que comandava.[1]

Estamos começando a nos tornar os homens com quem antes queríamos nos casar, exclamou, triunfante, o movimento feminista nos anos 1970.[2]

As mulheres passaram de querer um homem para querer o que os homens tinham. Apesar do progresso que isso implicava, o projeto ainda tinha a ver com a mesma coisa: homens.

"Conseguimos!", exclamou a revista *The Economist* na capa de sua edição de ano-novo de 2010. As mulheres tinham superado os homens e eram maioria entre todos os graduados em universidades em países da Organização para a Cooperação e Desenvolvimento Econômico (OCDE). Na maior parte dos países ricos, há mais mulheres do que nunca entrando no mercado de trabalho. Estão liderando empresas que, anteriormente, as tratavam como cidadãs de segunda classe.

A própria noção de uma carreira em tempo integral, porém, ainda é construída em torno da ajuda doméstica em tempo integral. Hoje, as mulheres precisam trabalhar o dia todo, mas a ajuda em tempo integral só está disponível a quem pode pagar. Quem faxina a casa da faxineira? Quem cuida da filha da babá? Não são apenas perguntas retóricas, mas questões cuja resposta só pode ser encontrada seguindo uma rede complicada de cuidados que gira em torno da economia global.

Hoje, mais da metade dos imigrantes do mundo são mulheres. Em alguns países, esse número fica entre 80 e 90 por cento.[3] A vida delas é feita de longos dias de trabalho e salários baixos. O trabalho doméstico é difícil. Isolado e não regulamentado. Essa trabalhadora frequentemente vive no local de trabalho – na casa de outra pessoa. Faz parte da família – mas não faz.

A qualidade de seu trabalho é decidida, sobretudo, pelas relações que ela consegue formar. Se ela criar uma ligação com a família, será uma babá melhor. As crianças vão vê-la mais do que veem a mãe, e definitivamente mais do que veem o pai. Em alguns casos, vão amá-la. Mas, se ela criar uma ligação com a família, será mais difícil quando chegar a hora de renegociar o salário e os termos do emprego. Será quase impossível separar os papéis. Ela está trabalhando por interesse pessoal, por amor ou ambos?

O empregador frequentemente acha que pode tirar vantagem desse dilema.

Se a babá fizer um trabalho ruim, se sairá mal, mas, se fizer um trabalho bom demais, também se sairá mal. Se as crianças crescerem mais apegadas a ela do que à mãe ou ao pai, a mãe e o pai não vão gostar. A carreira da babá será curta. Trata-se de um equilíbrio complexo.

As horas de trabalho das trabalhadoras domésticas no mundo todo estão entre as mais longas, precárias e imprevisíveis de qualquer emprego no mercado. Muitas mulheres nesse setor não podem sair da casa sem pedir permissão, segundo um estudo da organização Human Rights Watch.[4] Assédio verbal, físico e sexual são comuns, mas raramente denunciados. A mulher se preocupa o tempo todo. Principalmente com seus filhos do outro lado do planeta.

Esse é um lado da equação.

O outro é que uma doméstica filipina em Hong Kong ganha quase tanto dinheiro quanto um médico na área rural das Filipinas.[5] E que babás estrangeiras trabalhando na Itália têm um salário entre sete e quinze vezes mais alto do que ganhariam em seus países de origem. Elas são vítimas? Se sim, em comparação a quem?

Dessa forma, a mulher se sustenta e sustenta a família. Isso lhe dá poder – sobre seu pai e seu ex-marido. Poder e liberdade. O dinheiro que as imigrantes enviam para casa contribui mais com a economia de muitos países do que os auxílios e investimentos financeiros combinados.[6] Nas Filipinas, é responsável por 10 por cento do PIB.

Por outro lado, se o salário por hora de uma faxineira não continuar a ser marcadamente menor que o salário por hora da pessoa que, sem ela, estaria fazendo a limpeza (a mulher da família ocidental), então não será econômico contratar ajuda doméstica. A situação, em outras palavras, implica uma desigualdade contínua entre mulheres.

A mulher entrou no mercado de trabalho formal e conseguiu comprar sua alforria de grande parte do trabalho doméstico. Teve de fazer isso. Para ter uma carreira, você tem de deixar sua vida familiar na porta quando chega ao escritório. Hora do desempenho, hora de ser egoísta. Hora de "fazer acontecer". Mas fazer acontecer o quê?

O mercado de trabalho ainda é bastante definido pela ideia de que humanos são indivíduos sem corpo, sem sexo, buscando lucro, sem família nem contexto. A mulher pode escolher entre ser um desses ou ser o oposto: o personagem abnegado e invisível, necessário para equilibrar a equação.

Com frequência, a situação em que ela está toma a decisão por ela.

A economista feminista Marilyn Waring observou o trabalho não remunerado de uma jovem das planícies de Lowveld, no Zimbábue. Ela acorda às 4 da manhã para levar um balde até o poço e voltar, caminhando 11 quilômetros. Três horas mais tarde, volta para casa com a água. Ainda descalça. Coleta madeira, lava a louça, cozinha o almoço, lava a louça de novo e depois sai para buscar vegetais. Pega água de novo, faz o jantar, os irmãos mais jovens têm de ser colocados na cama e o dia de trabalho acaba às nove.[7] De acordo com os modelos econômicos, ela é improdutiva, não trabalha, é economicamente inativa.

Moer a carne, colocar a mesa, secar a louça, vestir as crianças, dirigir até a escola. Separar o lixo, tirar poeira do parapeito, pegar a roupa suja, passar os lençóis, consertar o cortador de grama, colocar gasolina no carro, pegar livros, arrumar os Legos, atender ao telefone, aspirar o pó do corredor, fazer lição de casa, lavar o chão, limpar as escadas, fazer as camas, pagar as contas, esfregar a pia e colocar as crianças para dormir.

O principal argumento para não incluir o trabalho doméstico no PIB é que em geral ele não é importante. A quantidade de trabalho doméstico em uma sociedade sempre será a mesma. Mas como os economistas podem saber disso se nunca o incluíram em suas estatísticas?

Em nosso mundo, uma mulher passa pouco mais de dois terços de seu dia de trabalho em tarefas não remuneradas. A estatística equivalente para homens é um quarto.[8] Em países em desenvolvimento com grandes setores agrícolas, a diferença é ainda maior. No Nepal, as mulheres trabalham 21 horas semanais a mais que os homens. Na Índia, em torno de 12.

Em regiões da Ásia e da África onde os homens costumam migrar para as cidades, as mulheres ficam para trás. Elas não têm o apoio dos homens nem do Estado, mas ainda têm de dar conta do fardo triplo de carreira, trabalho doméstico e trabalho agrícola.

O LADO INVISÍVEL DA ECONOMIA

* * *

Os economistas às vezes brincam que, se um homem se casar com a faxineira, o PIB do país cai. Se, por outro lado, ele puser a mãe num asilo, o PIB sobe de novo. Além da piada explicitar muito a percepção de papéis de gênero entre economistas, ela também mostra como o mesmo tipo de trabalho pode ser contado no PIB ou não. Quando as mulheres casadas entraram para a força de trabalho, elas começaram a dedicar mais tempo ao tipo de tarefa que é contabilizada (trabalhar fora de casa) e menos tempo ao tipo que não é (trabalho doméstico). Isso aumentou dramaticamente o PIB no mundo ocidental. Mas será que esse crescimento é real? Como ninguém se deu ao trabalho de quantificar o trabalho doméstico, podemos ter supervalorizado o crescimento real da riqueza.[9] De fato, máquinas de lavar, micro-ondas e liquidificadores tornaram o trabalho doméstico menos demorado – então, a diferença não é necessariamente tão grande. Mas não sabemos.

Se quisermos um retrato completo da economia, não podemos ignorar o que metade da população faz durante metade do tempo.

O trabalho doméstico não é mais nem menos difícil de medir do que a maioria do que incluímos no PIB. Por exemplo, fazemos esforços imensos para medir o valor da comida que um fazendeiro produz em sua terra mas que não leva ao mercado. Com o trabalho doméstico, não fazemos o mesmo esforço. O trabalho das mulheres é um recurso natural que não achamos que precisamos levar em conta. Supomos que sempre existirá. É considerado uma infraestrutura invisível e indelével.

A agência de estatísticas nacionais do Canadá tentou medir o valor do trabalho não remunerado. Descobriu que correspondia a algo entre 30,6 e 41,4 por cento do PIB.[10] O primeiro número é calculado com base em quanto custaria substituir o trabalho não remunerado por trabalho remunerado. O segundo é baseado em quanto uma pessoa ganharia se estivesse recebendo um salário enquanto faz o trabalho doméstico.

Independentemente do método, a soma é enorme.

Para prosperar economicamente, uma sociedade precisa de pessoas, conhecimento e confiança. Esses recursos são bastante nutridos com o trabalho doméstico não remunerado. Crianças felizes e saudáveis são a fundação de todas as formas de desenvolvimento positivo – inclusive econômico. O homem econômico, por outro lado, não tem nem infância, nem contexto. Ele brota do chão, como um cogumelo. Quando se supõe que todos sejam como ele, fica impossível de enxergar uma grande parte da economia.

Na prática, é uma forma de excluir as mulheres.

Na defesa da ideia de que o homem econômico é universal, a mulher deve ser enquadrada no modelo como se fosse igual a ele. Eis aqui os direitos iguais e a mesma liberdade para competir no mercado. Vá em frente e conquiste-o!

É por isso que a mulher tem de provar o seu valor em um mercado de trabalho ainda essencialmente determinado pelas necessidades dos homens. Avançar em um modelo criado por homens, para homens – em uma realidade que exclui mulheres. E isso cria problemas.

Não dá para simplesmente adicionar mulheres e mexer.[11]

Em 1957, Betty Friedan, então aos 36 anos e mãe de dois filhos, enviou um questionário a antigas colegas de classe.[12] Fazia quinze anos que elas tinham se formado na Smith College, e em breve haveria uma reunião de reencontro da turma. Assim como Friedan, a maioria das ex-alunas dessa faculdade de elite para mulheres se dedicava completamente a cuidar da casa e dos filhos. Mas Friedan também trabalhava como jornalista *freelancer*. Ela tinha sido demitida do emprego ao engravidar e, antes do reencontro, queria descobrir como as antigas colegas avaliavam a própria vida, pois queria escrever um artigo sobre isso.

Betty Friedan incluiu algumas perguntas de natureza mais psicológica e enviou o questionário. As respostas foram chocantes. A maioria dessas mulheres que, no papel, tinham tudo, estava na verdade profundamente infeliz. E esse era o sentimento mais proibido. Ansiedade, frustração sexual, desesperança e depressão – os sentimentos reais de donas de casa reais se destacavam em um contraste duro com as imagens de mulheres em felizes subúrbios produzidas pela mídia. Eram os Estados Unidos do pós-guerra: corrida espacial, crescimento recorde e crianças sorrindo na entrada das casas. Friedan não sabia como denominaria essa descoberta. Não havia linguagem para discuti-la, e ela começou a chamar de "o problema que não tem nome".

Insatisfeitas, confusas, sedadas, enganadas por psicanalistas e ignoradas pela sociedade: essas eram as verdadeiras donas de casa. Friedan escreveu um artigo. Nenhum veículo queria publicar e, no fim, ela não teve escolha a não ser desenvolver o material e transformá-lo em livro.

Em 1963, *A mística feminina* foi publicado nos Estados Unidos. Betty Friedan escreveu sobre mulheres de classe média alta que choravam no travesseiro, confinadas em perfeitas casas de subúrbio. Sobre como uma vida focada em conseguir um homem, segurar um homem, ter filhos e deixar as próprias necessidades de lado as corroía lentamente por dentro. Sobre como esse ideal tinha de ser engolido junto com pílulas milagrosas para poder ser digerido. Sobre como as mulheres eram enganadas com a ideia de que eram coisinhas infantis e delicadas feitas para a vida doméstica, a reprodução e o consumo. Se quisessem outras coisas, então havia algo errado com elas: tome um remédio, tenha um caso, compre uma máquina de lavar. O livro vendeu mais de 2 milhões de exemplares e "puxou um gatilho histórico", como colocou o autor norte-americano Alvin Toffler.[13]

Os limites do que as mulheres podiam conquistar, ser, pensar, dizer e do que podia excitá-las foram demolidos em uma única geração. Aconteceu tão rápido que a revolução pareceu acabar antes de as facções opostas terem tempo de se organizar. Hoje em dia, vemos Peggy, Joan e Betty no drama de televisão americano *Mad Men* com fascínio. Vemos uma agência de publicidade em Nova York, no início dos anos 1960, onde as mulheres são ignoradas, objetificadas e invisibilizadas em um mundo aparentemente intransponível de homens brancos e hipócritas que fumam um cigarro atrás do outro e se espelham uns nos outros, tendo o copo de uísque sempre cheio. Será que o mercado de trabalho realmente era assim há apenas cinquenta e poucos anos?

Mas, apesar do incrível progresso do movimento feminista, parece que não tivemos êxito em criar filhas com boa autoestima. Hoje, as garotas se saem melhor que os garotos na escola – mas se sentem muito pior. A depressão se tornou uma doença das mulheres. Não se sentir adequada, não ter energia suficiente, não ser forte o suficiente. Uma onda constante de medos irracionais. Não é apenas o corpo de enfermeiras e cuidadoras que não consegue aguentar. Até mulheres que trabalham no setor privado com altos salários estão sucumbindo mais que seus colegas homens e tirando licenças médicas prolongadas. Inclusive nos festejados Estados de bem-estar social escandinavos – ainda que pensemos que as oportunidades de combinar família e carreira sejam melhores lá do que em qualquer outro lugar.

Falamos sobre "equilíbrio entre vida pessoal e profissional" como um conceito construído sobre a ideia de uma esfera privada separada bruscamente da esfera pública. Você pode transitar entre as duas, mas será que pode mudá-las?

As mulheres ainda estão lutando para ter acesso igualitário ao mundo do homem econômico. Uma mulher precisa trabalhar mais para mostrar seu comprometimento no escritório, para lutar contra a suposição de que o lugar dela é, na verdade, em casa. Ao mesmo tempo, ela é julgada por sua habilidade de manter a casa e a família em ordem de uma forma que os homens não são. O conflito entre vida profissional e pessoal resultante disso é retratado como uma questão feminina. É responsabilidade dela resolvê-lo. Seja mais assertiva no trabalho, reduza suas horas, encontre o parceiro certo, faça listas de tarefas melhores, simplifique sua vida, organize sua bolsa, faça mais ioga e fique de olho no relógio biológico!

Ela é encorajada a encarar o corpo não como parte do que significa ser humano, mas como uma bomba-relógio de fertilidade armada para explodir bem na hora em que ela está sendo considerada para uma promoção.

Então, será exposta como o que realmente é: uma mulher.

Na maternidade, tudo colide. O público e o privado que precisam estar separados de repente se mesclam. Ela não pode deixar a barriga de grávida em casa com o resto de seu ser privado. Precisa trazer algo da casa para o mundo do trabalho remunerado, e levar de volta no fim do dia. Ela própria. Uma quantidade maior daquilo que ela é.

Algo com que nem ela nem o mundo do trabalho remunerado sabem lidar. O homem econômico não tem peitos que vazam nem hormônios.

Ele não tem um corpo.

Bebê algum jamais vomitou nele.

E bebê algum jamais vomitará.

Estudos mostram que, desde os anos 1970, as mulheres no Ocidente sentem que se tornaram menos felizes.[14] Não importa de que classe ela vem, se é casada ou solteira, quanto ganha, em que país mora ou se tem filhos. A típica mulher ocidental (com exceção da afro-americana nos Estados Unidos) está menos satisfeita com a vida. Os homens, por sua vez, ficaram mais felizes. Talvez seja a "igualdade". Ou talvez estejamos medindo a felicidade da forma errada. Talvez esse tipo de coisa não se meça. Os estudos são contestados. Em toda a Europa, tanto homens quanto mulheres relatam aumento na felicidade nos últimos quarenta anos, mas os homens estão ficando mais felizes mais rapidamente. No Reino Unido, encontra-se pouca diferença entre a felicidade de homens e mulheres. A exceção são os pais divorciados, que não estão felizes.[15]

O que as mulheres em todo o mundo desenvolvido relatam, porém, é que estão mais estressadas e sentem que têm menos tempo que os homens. Não é específico de uma classe nem de uma ocupação. É específico de um gênero. Mas, quando as mulheres admitem que se sentem assim, geralmente culpa-se o feminismo. O fato de que as mulheres têm dificuldade de ser como o homem econômico é usado como prova de que a esfera pública não é o lugar delas.

Dizem que Ginger Rogers fazia tudo o que Fred Astaire fazia – mas de trás para a frente e usando salto alto. É isso que as mulheres continuam fazendo. A mulher entrou no mercado de trabalho, mas o homem não entrou no mercado de trabalho da mesma forma. Nossas ideias sobre limites entre vida profissional e vida pessoal não mudaram fundamentalmente. Tentamos uni-las de formas diversas, em vez de criar algo novo. Uma forma de vida melhor. Não importa para onde olhamos, parece haver uma assustadora falta de opções.

Temos agora uma geração de mulheres que sentem estar fracassando em "ter tudo". Muitas delas, hoje, não precisam de executivos publicitários fumando um cigarro atrás do outro e olhando para elas como se fossem inúteis. Elas mesmas se olham dessa forma, ainda que sejam as executivas da firma.

Gloria Steinem disse que o feminismo não tinha a ver com as mulheres receberem uma fatia maior. O feminismo tinha a ver com assar um bolo totalmente novo.

Foi mais fácil falar do que fazer. Adicionamos as mulheres à receita e mexemos. Toda uma geração interpretou a astuta proclamação "Você pode ser o que quiser!" como "Você precisa ser tudo". "Ter tudo" se tornou "fazer tudo".

Senão, você é uma inútil.

O LADO INVISÍVEL DA ECONOMIA

* * *

Meio século depois de *A mística feminina* de Betty Friedan, encontramos um novo "problema que não tem nome". A feminista Naomi Wolf escreve que fracassamos em dar às nossas filhas uma definição de sucesso que simplesmente as deixe ser quem são.

Faça mais! Faça melhor! Vença a competição! O homem econômico se tornou o ideal que ela é forçada a alcançar. De acordo com o Ocidente, a liberação feminina se tornou uma série de tarefas a executar, uma lista de aspirações para "fazer acontecer". Devia, em vez disso, ter significado uma proliferação de todo tipo de liberdade. Incluindo a liberdade de simplesmente ser.

Você não precisa ter o maior pau do prédio. Não há problema em não ter pau nenhum – mesmo que você seja uma mulher.

Capítulo 6

Em que Las Vegas e Wall Street
se mesclam

Se alguém ficar responsável por derrubar um avião em alto voo com uma arma antiaérea, não adianta muito mirar o ponto onde o avião está. Entre a pessoa atirar e o projétil atingir a aeronave, ela já vai ter se movido.

O que a pessoa com a arma precisa fazer, em vez disso, é mirar no ponto onde o avião estará dali a um momento. Até o piloto sabe disso – e é por isso que ele tenta fazer um voo o mais imprevisível possível.

Direita. Esquerda. Esquerda. Direita.

A pessoa no chão pode, portanto, decidir entre mirar à esquerda ou à direita. Se o disparo for na mesma direção à que o piloto decidir virar... *bum*. O piloto morre.

Se o disparo for na direção oposta à que o piloto está voando, ele sairá ileso.

Portanto, a melhor forma de agir, para o piloto, é voar aleatória e imprevisivelmente para a direita ou para a esquerda. E a forma de agir, para a pessoa no chão, é a mesma. Assim que o piloto identificar um padrão nos disparos, ele pode reagir de acordo e melhorar suas chances de não ser atingido. O mesmo se aplica no inverso: se o homem com a arma antiaérea vê que o homem no avião tende a voar para a esquerda, ele tem mais chance de abatê-lo.

Em 1944, o matemático John von Neumann concluiu que o cenário acima era como um jogo de soma zero entre dois participantes.[1] Não importa se o avião ou a arma antiaérea são operados por uma pessoa ou por uma máquina. As ações do piloto são decididas pela lógica do sistema. Não tem nada a ver com ele como indivíduo.

Não importa a relação dele com sua mãe, em que classe social ele foi criado, que sua personalidade seja do tipo ESTJ* nem que ele ainda tenha vergonha de ter feito xixi na cama até os 9 anos de idade.

O piloto agirá de uma forma que o professor Von Neumann consegue calcular, guiado pela lógica da situação e pelas regras do jogo das pessoas racionais.

Em vez de estudar as especificidades da vida das pessoas, deveríamos mergulhar no que elas têm em comum com os computadores, pensava John von Neumann. Ou, na verdade, com a gigantesca bagunça de válvulas, cabos e controles deslizantes que, na época, ainda chamávamos de "máquinas matemáticas" ou "cérebros eletrônicos".

A existência é um conjunto de jogos e ações de participantes racionais, decidido por um sistema maior. Colocamos um pé na frente do outro, mas não controlamos as decisões. Alguém deu corda e nos colocou à beira do precipício. A humanidade, o mundo e o progresso histórico são mecânicos, programados e conduzidos por forças impessoais. Um navio sem capitão. O homem econômico de Adam Smith evoluiu e está indo à toda velocidade para a Era Espacial.

---

* Classificação de personalidade baseada em tipos psicológicos descritos por Carl Jung. O tipo ESTJ seria o "supervisor". (N. da E.)

O LADO INVISÍVEL DA ECONOMIA

* * *

O livro *Teoria dos jogos e comportamento econômico*, de John von Neumann e Oskar Morgenstern, foi publicado em 1944 e, com ele, nasceu a teoria dos jogos. Von Neumann usou o termo "jogo" para descrever uma situação em que é preciso fazer uma escolha, sabendo que os outros também estão fazendo escolhas. Um "jogo" é um conflito cujo resultado será determinado de alguma forma prescrita por todas as escolhas feitas. Você "joga", mas não da mesma forma que uma criança. Parece mais com pôquer: cheio de blefes e dúvidas, sim, mas racional. Em seus primórdios, a teoria dos jogos carregava em si o velho sonho da economia: se ao menos fosse possível compreender a sociedade matematicamente, poderíamos compreender tudo. John von Neumann estava convencido de que acabaríamos conseguindo explicar toda a sociedade usando a teoria dos jogos.

Von Neumann nasceu em Budapeste cm 1903 e cresceu durante a época mais esplendorosa da cidade: havia cientistas, autores, artistas, músicos e um monte de produtivos milionários amantes da cultura. Conta-se que, certa vez, aos 6 anos de idade, vendo a mãe olhando para o espaço, Von Neumann perguntou: "O que você está calculando?".

Ele foi batizado como Janos, mas era chamado de Johnny. Seu pai era um banqueiro judeu que comprou o título aristocrático, nunca o usou, mas o transmitiu ao filho. Aos 18 anos, Von Neumann se mudou para Berlim e de lá para Zurique, a fim de estudar química. Acabou com um diploma de doutor em matemática. A Segunda Guerra Mundial se aproximava, e Von Neumann foi para a Universidade de Princeton. Ali, começou a trabalhar com o austríaco Oskar Morgenstern, que estava nos Estados Unidos quando do Adolf Hitler anexou sua terra natal e, portanto, decidiu ficar do outro lado do Atlântico. Dizia-se que o avô de Morgenstern era Frederico III, imperador da Alemanha.

Na primavera de 1945, um ano após a publicação do livro pioneiro da dupla, Von Neumman foi recrutado para o comitê que escolheria em quais cidades japonesas usar a recém-desenvolvida bomba atômica norte-americana. Von Neumann tinha se unido ao Projeto Manhattan dois anos antes e trabalhado no desenvolvimento da bomba em si. Ele era um entre vários cientistas húngaros envolvidos. Quando perguntaram a ele sobre essa concentração "estatisticamente improvável", ele disse ser "uma coincidência de alguns fatores culturais que ele não conseguia definir com precisão: uma pressão externa em toda a sociedade dessa região da Europa Central, um sentimento inconsciente de extrema insegurança nos indivíduos e a necessidade de produzir o incomum ou enfrentar a extinção".[2] Agora, ele cuidava da computação para o comitê de alvos: "o tamanho da explosão da bomba, a destruição esperada e a distância máxima na qual as pessoas seriam mortas".[3]

Quioto era a primeira escolha. Mas o Secretário da Guerra Henry Stimson vetou: a cidade era histórica e culturalmente importante demais. Às 8h10, horário local, a bomba, apelidada "Little Boy", foi jogada de 600 metros acima de Hiroshima. O calor de 5 mil graus derreteu casas, os ventos quebraram pontes e derrubaram prédios. Milhares de pessoas queimando, com a pele em tiras penduradas no corpo, se jogaram aos gritos no rio Ota, onde se afogaram e se tornaram pilhas de corpos não identificáveis. Depois, veio a chuva radioativa. Quem sobreviveu ao fogo morreu com a chuva. Uma morte que, pelos meses seguintes, se espalhou em círculos cada vez mais amplos, como uma alergia que se espalha rapidamente pela pele.

Alguns dias depois, uma segunda bomba foi jogada em Nagasaki.

A Segunda Guerra Mundial acabou, e a Guerra Fria começou. As teorias do jogo de John von Neumann foram absorvidas pelo espírito do tempo. Ou talvez tenha sido o oposto. A história se encaixava como uma luva no clima político reinante. O homem econômico vestiu o sobretudo e desapareceu entre os espiões na luta pelo poder entre Oriente e Ocidente. Parecia que a vida e a morte do planeta seriam decididas pelo próximo movimento de uma peça de xadrez em um jogo entre Estados Unidos e União Soviética. Isso foi antes da internet e de células terroristas multinacionais. Os jogadores faziam ligações em telefones vermelhos e discutiam se deviam ou não se aniquilar. Daí para ver as relações como um jogo de xadrez não era um grande salto. O futuro estava firmemente atado ao próximo golpe de lógica, e isso era tão claustrofóbico quanto libertador. Todo mundo é prisioneiro do mesmo dilema: oponentes de cada lado de um tabuleiro de xadrez onde cada peça é movida por mandamentos inevitáveis da razão. Dizem que há um mundo onde Hiroshima era inevitável. As grandes mentes do século passado o identificaram e expressaram matematicamente.

Os primeiros estudiosos da teoria dos jogos calcularam que a melhor forma de derrotar a União Soviética era destruir o país em um único ataque atômico, antes que ela tivesse a chance de destruir os Estados Unidos. Nenhum modelo previa que a dissolução da União Soviética aconteceria devido a manifestações pacíficas, antenas parabólicas, um papa polonês, um horrível acidente nuclear, o *rock'n'roll*, um dramaturgo tcheco e políticos locais em Leipzig que se recusaram a atirar em multidões de civis em uma segunda-feira qualquer.

A ideia de que a guerra e os conflitos sejam considerações racionais e calculáveis ainda sobrevive – embora os campos de queda de braço das superpotências não sejam mais Berlim, Viena e Varsóvia, mas Cabul, Teerã e Peshawar. Estudiosos da teoria dos jogos ainda afirmam que, em vez de olhar para as especificidades de um conflito, devemos olhar para os fatores que tornam a guerra previsível, independentemente do contexto.[4] Devemos estudar a guerra "como se estuda o câncer", dizem. Em vez de tentarmos curar pacientes individualmente e ficarmos consumidos pela especificidade de seus casos, devemos olhar para o comportamento das próprias células cancerígenas. A guerra é racional, ou não existiria. E a resposta para fazer pessoas racionais pararem de brigar é simplesmente "aumentar o custo" da guerra. O homem econômico só recorre à violência quando não há uma saída mais barata. Então, vamos dar essa saída a ele.

John von Neumann morreu em 1957. Além da participação em Hiroshima, seu legado incluiu o desenvolvimento da computação moderna, além de uma sugestão menos bem-sucedida de pintar as calotas polares de preto, para que a Islândia tivesse o mesmo clima do Havaí. O Dr. Fantástico foi trabalhar em Wall Street.[5]

A ciência econômica, com seus modelos e suas teorias, tinha sido há muito excluída da forma como analistas e operadores compram e vendem nos mercados financeiros. Isso mudou nos anos 1950 e 1960.

Uma empresa vende ações para levantar capital a fim de, por exemplo, expandir suas operações, abrir uma nova filial, contratar mais funcionários ou se renovar. Quem compra as ações pode, então, trocá-las na bolsa de valores por ações de outras empresas. Esse comércio resulta em ganhos e perdas, o valor da ação sobe e desce – um valor que, por sua vez, impacta a capacidade de a empresa acessar capital. Em um nível de abstração acima dessas transações estão, por exemplo, produtos como fundos de índice e derivativos. Se as ações e a bolsa de valores são apostas em empresas, mercados de derivativos e fundos de índice são apostas em apostas. O dinheiro investido nisso não escoa de volta para a realidade, mas continua a se replicar infinitamente.

Modelos matemáticos podem fazer com que seja mais fácil pesquisar e lidar com o cálculo de risco nesses mercados. Eles são bons para a economia e bons para a sociedade. Mas modelos matemáticos nunca devem ser superiores à realidade, como se tornaram desde a época de John von Neumann. Isso teve consequências severas – mais notavelmente, resultou na crise financeira global de 2008. Nos anos 1980, a indústria financeira já era quase inteiramente baseada em matemática abstrata.

Assim como os físicos formularam leis para matéria e energia, as finanças tentaram formular leis para ações e derivativos.[6]

O problema é que a economia não é uma ciência comparável à física. Não se pode formular leis de economia da mesma forma que de energia ou matéria. Na física, é possível conduzir o mesmo experimento várias vezes e conseguir sempre o mesmo resultado. Se alguém soltar uma maçã, ela vai cair no chão. Não é assim na economia. Como disse certa vez o físico norte-americano Murray GellMann: "Imagine como a física seria difícil se os elétrons pudessem pensar".[7] O mercado é composto de pessoas que podem pensar e, mais do que isso, sentir. O mercado não é um jogo. A não ser que o transformemos em um.

À luz da visão da teoria dos jogos sobre o mundo, os economistas começaram a estudar jogos de dados e roletas para tentar entender o mercado. Se o mundo era um jogo, então os mercados financeiros podiam ser um cassino. Parecia lógico.

"Wall Street é como um grande cassino de apostas. O mercado é muito maior e mais interessante para mim do que apostar em um cassino", disse Edward Thorp.[8]

Thorp era um professor de matemática e jogador de vinte-e-um que acabou se tornando gerente de fundo de cobertura (*hedge*). Em 1962, ele publicou o livro *Beat the Dealer* [Vencendo o crupiê], sobre como usar matemática para ganhar no vinte-e-um. Cinco anos depois veio *Beat the Market* [Vencendo o mercado], sobre como usar matemática para ganhar na bolsa de valores. Um jogo de cassino ou o valor de uma empresa. Las Vegas ou Wall Street. Tudo se misturou.

Quando os economistas começaram a construir modelos baseados em jogos de dados e roletas, estavam supondo que o mercado funcionasse da mesma forma. A forma como os dados são jogados em um cassino não afeta como vão cair no futuro. Na suposição, aparentemente inocente, de que o mercado financeiro funciona como um cassino há a suposição ainda mais forte de que o mercado não tem memória. Cada investimento ou aposta é completamente independente do anterior. Assim como a bolinha de uma roleta pode cair no vermelho ou no preto, uma ação pode subir ou descer, sem ser afetada pelo que aconteceu no passado. O mercado esquece e perdoa. Tudo começa do zero pela manhã. Esses princípios se transformaram na hipótese do mercado eficiente (HME). Essa hipótese afirma que a definição de preços no mercado financeiro sempre representa a melhor avaliação possível do valor de alguma coisa. O mercado sempre tem razão. Portanto, bolhas não deveriam se formar e, caso se formem, o próprio mercado se corrigirá.

Ninguém deve intervir.

O raciocínio se baseia em várias suposições. Primeiro, que todos os investidores e compradores são completamente racionais. Segundo, que todo mundo tem acesso exatamente às mesmas informações sobre a venda – informações que, então, interpretam exatamente da mesma maneira. Terceiro, que os compradores e os investidores tomam decisões de forma independente, sem influenciar um ao outro.

Como a informação se espalha com muita rapidez, supõe-se que o mercado sabe mais do que qualquer indivíduo a qualquer momento. Supõe-se que ele consegue assimilar todas as informações disponíveis automática e imediatamente. A mão invisível e onisciente de Adam Smith cria ordem no que, de outra forma, seria um caos de desejos e vontades humanas. O mercado se torna uma consciência coletiva superior que nos guia e nos disciplina. Ele nunca pode estar errado – porque ele é apenas a soma da infinita empreitada de pesquisar todas as informações existentes em cada preço e cada variação na bolsa de valores.

O LADO INVISÍVEL DA ECONOMIA

* * *

Teólogos já compararam a hipótese do mercado eficiente à palavra de Deus.[9] Não é difícil entender por quê.

O mercado sabe mais do que nós, pode nos satisfazer e, ao mesmo tempo, é ele que toma as decisões. É uma fantasia banal, na verdade, mas que nunca foi levada tão longe quanto na hipótese do mercado eficiente.

Adam Smith afirmou que havia um "preço natural" para todas as mercadorias. Todos os preços eram constantemente puxados nessa direção. O açúcar, por vários motivos, pode ser mais caro ou mais barato às vezes, mas é sempre puxado na direção de um preço natural. Nesse estado, a economia nunca fica parada. Se ficasse, todo o mecanismo seria interrompido. Ele gira em torno de um equilíbrio. E é sempre puxado em direções diferentes de interesses conflitantes.

Uma teoria matemática acabou sendo desenvolvida para essa história. O mercado é conduzido pela oferta e demanda: se há muitos guarda-chuvas (muita oferta) e pouca demanda (está sol), o preço dos guarda-chuvas vai cair. Se, por outro lado, há poucos guarda-chuvas (pouca oferta) e muita demanda (está caindo uma tempestade), o preço vai subir.

Essa visão do mercado é mais poética do que científica. Em um mundo estatístico, não há problemas com a informação. Toda a informação necessária fluirá sem percalços até a pessoa que souber usá-la. É claro que os mercados reais não operam com essa ausência de atrito. Mas essa história trata, antes de mais nada, da perfeição inerente a uma economia de mercado. Não queremos que as coisas sejam como na União Soviética.

Pode ser uma história reconfortante. Ao mesmo tempo, é inútil perguntar se uma economia de mercado funcionaria eficientemente em um mundo estatístico onde todos são homens econômicos perfeitos e racionais. Se todos fossem como o homem econômico, e o mundo fosse estático, qualquer sistema econômico funcionaria. Se todos tivessem todas as informações e sempre pudessem determinar as consequências de suas ações, a economia seria tão previsível que poderia muito bem ter sido planejada principalmente em Moscou.

Independentemente da sofisticação dos modelos matemáticos criados pelos economistas, eles serão incapazes de dizer qualquer coisa sobre a realidade enquanto forem baseados na suposição de que não precisam ter nada a ver com ela. A hipótese do mercado eficiente já foi chamada de "o maior erro da história das finanças".[10]

O mercado não é uma máquina neutra que precifica tudo corretamente. O investidor George Soros sugere que seja o oposto.[11] O mercado não está errado só de vez em quando. O mercado está sempre errado. Quem joga no mercado o aborda com uma visão falha, mas essa visão falha impacta a forma como as coisas se desdobram. Só quem começa a entender isso pode se tornar tão rico quanto George Soros, pelo menos de acordo com o próprio.

No mundo da teoria dos jogos, não há diferença entre ter ou não ter uma pessoa no avião que será abatido. A forma como o avião se move entre os projéteis da arma antiaérea é decidida pela lógica do sistema. Mas os mercados financeiros não são sistemas racionais. São feitos de pessoas. O comportamento econômico é conduzido coletivamente e por emoções, não individual e racionalmente.

A economia não é uma máquina que mecanicamente rola para a frente sobre milhões de partes operacionais independentes, organizadas em um diagrama simples – sistemas racionais em uma busca infindável por equilíbrio. É uma rede de relações, e o único diagrama vem de dentro e só pode ser compreendido em relação ao todo.

Enquanto isso, o homem econômico das teorias financeiras parece viver em um mundo onde o tempo é uma série de incidentes isolados. Um momento está morto assim que o próximo começa: o passado, o presente e o futuro estão completamente separados. Na realidade, os investidores trabalham juntos – presos e criadores

O LADO INVISÍVEL DA ECONOMIA

da lógica que depois se transforma em movimento no mercado. O todo é composto de suas partes, mas não pode ser reduzido a elas. O tempo é uma coisa complexa: a memória de ontem e as expectativas de amanhã criam o presente. As expectativas determinam o que lembramos, e nossa memória determina nossas expectativas. Apesar disso, as teorias sobre o equilíbrio natural do mercado só foram propriamente investigadas nos anos 1990. Eram simplesmente elegantes demais. Sua mecânica simples era *sexy*. Era divertido vesti-las de roupas numéricas cada vez mais complexas. De Wall Street aos *campi* universitários, as pessoas queriam acreditar nesse sonho. E acreditaram.

Até mesmo no dia 15 de setembro de 2008.

CAPÍTULO 7

EM QUE A ECONOMIA GLOBAL VAI PARA O INFERNO

O que o segundo ato da grande peça dramática *Fausto*, de Wolfgang von Goethe, pode nos ensinar sobre economia?[1] O doutor Fausto fez um pacto com o emissário do Diabo, Mefistófeles, e, quando o segundo ato começa, eles se veem no pátio do imperador.

O império sofre de graves problemas econômicos. O ouro é a moeda do país e não há o suficiente para cobrir os custos. O imperador é impulsivo nos gastos, e uma grande catástrofe financeira está próxima.

Mas, imperador, sugere o ardiloso Mefistófeles, ainda que não haja ouro suficiente, é provável que haja ouro a ser descoberto. Bem no fundo do solo. Ouro que, em algum ponto, *será* descoberto. Embora esse ouro ainda não exista e a gente só ache que ele existe, ele tem valor. Como o imperador é dono da terra, ele deve poder emitir títulos no valor do ouro a ser descoberto.

Com isso, o emissário do Diabo apresenta o papel-moeda. O imperador passa de endividado a livre de dívidas. Como que por mágica, ele está rico e sua terra prospera. Mas a fundação desse império também mudou – de ouro real a promessas insubstanciais em papel.

O potencial de prosperidade é enorme. Mas os riscos também. Goethe não foi apenas um dos maiores poetas da história mundial. Foi ministro das Finanças em Weimar.

A história do dinheiro é uma jornada do material ao imaterial.[2] Na infância da economia, a moeda devia ser útil e fácil de contar: conchas, cabeças de gado e sal eram as melhores opções. Eu comprava terra de você por dez vacas, que valiam algo pelo simples motivo de que é possível comê-las e sobreviver aos rigorosos invernos. Já nos tempos modernos, o povo Krygyz, das estepes russas, usava cavalos como método de pagamento. Ovelhas valiam menos, e peles de carneiro apenas uns trocados.

Em *A filosofia do dinheiro*, George Simmel disse que nossa relação com o dinheiro é como nossa relação com Deus. O dinheiro é um meio de troca absoluto, como Deus é absoluto. O dinheiro pode medir todos os outros bens. Em um mundo sem dinheiro, se você quer a minha chaleira, só pode tê-la se eu quiser sua espada. Por que outra razão eu iria querer trocar minha chaleira? Você tem de ter algo que eu quero para uma troca acontecer. Em outras palavras, precisa ocorrer o que os economistas chamam de "acordo mútuo entre as partes".

Se o dinheiro existe, por outro lado, eu não preciso querer sua espada para estar disposta a me separar de minha chaleira. Você pode, em vez disso, me dar dinheiro e, economizando esse dinheiro, eu posso conseguir o valor daquilo que troquei. No futuro, posso trocá-lo por outra coisa.

Uma das funções do dinheiro é que ele conserva o valor dessa forma. A troca fica muito mais fácil e muito mais frequente. Em vez de ser realizado na hora, o desenrolar total de uma troca pode ser adiado.

* * *

O LADO INVISÍVEL DA ECONOMIA

Em torno de 1200 a.C., conchas de molusco das águas rasas dos oceanos Índico e Pacífico começaram a ser usadas como dinheiro na China. No fim da Idade da Pedra, foram feitas cópias das conchas em bronze e cobre e, com isso, nasceram as primeiras moedas verdadeiras. Com o tempo, elas ficaram achatadas e, na China, frequentemente tinham furos no centro, para poderem ser penduradas em longas correntes. Fora da China, as moedas eram pepitas de prata carimbadas com o selo de um deus ou imperador. A tecnologia foi desenvolvida na região que hoje é a Turquia e rapidamente difundida pelos gregos, persas e macedônios e, depois, pelos romanos. Ao contrário da China, onde se usavam metais simples, os outros começaram a produzir as moedas em ouro, prata e bronze.

As primeiras cédulas eram feitas de couro, quadrados de camurça branca de 30 centímetros, com bordas em cores fortes. Em torno de 800 d.C., o papel-moeda começou a ser usado na China. Isso continuou por mais de quinhentos anos, até o sistema ser abandonado por causa da inflação. A tentação de imprimir mais dinheiro era grande demais – especialmente quando era preciso financiar novas guerras. Logo, o valor das cédulas passou a ter pouco a ver com o valor de qualquer outra coisa, e a China voltou a basear sua economia na prata.

A moeda da maioria dos países era baseada na prata ou no ouro até algumas décadas atrás. Em 1816, a moeda inglesa era atrelada ao ouro. Naquele ponto, o papel-moeda era usado havia centenas de anos, mas seu valor era diretamente relacionado ao metal precioso. A Lei do Padrão-Ouro norte-americana foi aprovada em 1900 e levou à criação do Sistema de Reserva Federal (Fed). Era possível levar o papel-moeda ao Estado e o Estado daria ouro à pessoa a uma taxa de câmbio fixa.

Em 1945, o sistema Bretton Woods foi fundado. Quarenta e cinco Aliados da Segunda Guerra Mundial se reuniram na pequena cidade de Bretton Woods, New Hampshire, e formaram um sistema em que os países tinham uma taxa de câmbio fixa em relação ao dólar. O valor da moeda de um país estava garantido, seria sempre possível trocá-la por dólares, e os dólares, por sua vez, podiam ser trocados por ouro. O ouro não enferruja. O ouro dura para sempre. Todo o ouro já descoberto na Terra poderia ser embalado em 4,5 quilômetros cúbicos. E tudo que é raro também é valioso.

Em 1971, o sistema Bretton Woods foi abandonado. Hoje, as cédulas são apenas pequenos pedaços de papel em uma carteira. Elas ganham valor da mesma forma que outras mercadorias ganham valor.

Porque as desejamos.

Queremos dinheiro porque outras pessoas querem dinheiro. E esse desejo compartilhado significa que sabemos que podemos usar esse dinheiro para comprar bens e serviços. Enquanto acreditarmos que o dinheiro continuará sendo valioso, continuaremos trabalhando para obtê-lo – e é assim que o sistema funciona.

Hoje, o trabalho dos bancos centrais é garantir que possamos confiar no dólar, na coroa, no euro e na libra. Eles estão mais preocupados com sua credibilidade, reputação e legitimidade do que com a quantidade de ouro em algum baú. É quando pararmos de acreditar no dinheiro que a economia entrará em colapso.

O dinheiro é uma construção social. E para os mercados financeiros vale o mesmo que para a religião – no início, era a fé.

Há 1200 anos, Aristóteles falou sobre como o filósofo Tales de Mileto previra que a safra de olivas do ano vindouro seria um recorde. Tales contatou os proprietários de prensas de azeite com uma oferta de comprar os direitos de alugar todas as prensas durante a temporada de colheita. Ninguém sabia como a safra seria e, aceitando o dinheiro de Tales, os proprietários podiam se garantir contra perdas. Eles aceitaram o negócio. Passaram-se meses e, por fim, Tales estava certo: a safra de olivas foi enorme. Todos os agricultores de repente precisavam de acesso às prensas. Tales tinha comprado por um preço fixo o direito de alugá-las e, agora, podia cobrar um acréscimo por esse aluguel.

Hoje, o tipo de contrato negociado por Tales seria chamado de "contrato de opção".

A inovação nas finanças sempre esteve ligada a mudar e brincar com a relação entre tempo e dinheiro, de várias formas. Há séculos as pessoas são céticas em relação aos instrumentos financeiros, exatamente porque eles brincam com o tempo. O tempo pertence a Deus e apenas a Ele. A doutrina teológica da usura descrevia como a pessoa que empresta dinheiro com juros está "vendendo tempo". Fazendo um empréstimo, ela dá a oportunidade de alguém comprar hoje algo que, sem esse recurso, só poderia comprar no ano que vem. Os juros pagos se tornam o preço do tempo transcorrido entre a oportunidade de fazer o empréstimo e a oportunidade no ano que vem.

Colocar um preço no tempo era blasfêmia.

Aristóteles disse que não era natural cobrar juros sobre dinheiro emprestado porque isso "torna o próprio dinheiro um ganho". Dinheiro sujo. Dinheiro ilegítimo. Da união perversa de dinheiro que se reproduz consigo mesmo. Dinheiro que dá à luz mais dinheiro era visto como uma perversão sexual.

Foi com João Calvino e a Reforma Protestante que essa atitude começou a mudar. Por que não se podia ganhar com o crescimento das empresas ou lojas tanto quanto com a propriedade de terras rurais ou até mais? O lucro do comerciante vinha de seu próprio esforço e devia pertencer a ele; por que ele não deveria crescer? Essas eram as perguntas de Calvino, que tentou adaptar o cristianismo a uma classe média urbana que crescia rapidamente.

Usura, juros e lucro deixaram de ser teologicamente problemáticos. E, assim, na nova era, o cristianismo reformado andava de mãos dadas com o capitalismo.

O propósito de instrumentos financeiros é lidar com o risco econômico de muitas maneiras. Transferi-lo das pessoas que não podem aguentá-lo para as que podem. A safra de olivas daquele ano podia ter sido escassa, a colheita podia ter queimado ou ter sido visitada pela geada. Tales assumiu esse risco pelos fazendeiros e, portanto, pôde lucrar depois. Os mercados financeiros são um paradoxo, no sentido de que não conseguem lucrar sem assumir riscos. Ao mesmo tempo, eles entram em colapso quando assumem riscos demais.

Em 1997, David Bowie, a lenda do rock, precisou de dinheiro.[3] Ele tinha completado 50 anos e finalmente queria comprar a parte de seu ex-empresário, Tony Defries, que ainda tinha direito sobre alguns rendimentos de Bowie, embora eles tivessem se separado anos antes.

Bowie com certeza não era pobre. Ganhava dinheiro sem parar, vindo de "Space Oddity", "Rebel Rebel", "Jean Genie" e "Ziggy Stardust". E continuaria ganhando dinheiro pelas próximas décadas, com os direitos autorais de 25 álbuns e 287 músicas que ele gravara.

Mas ele queria o dinheiro imediatamente.

Então ofereceu ao mercado algo que chamou de "Bowie Bond", ou "título Bowie", uma nova forma de produto financeiro. Dinheiro era tempo e tempo era dinheiro. Aparentemente, era possível distorcer e brincar com essa relação.

Bowie vendeu sua futura renda em canções que ainda seriam gravadas e compostas. Quem comprava títulos Bowie recebia em troca uma parte de seus direitos autorais futuros em perpetuidade, e David Bowie podia receber 87 milhões de libras imediatamente.

Ele não receberia mais dinheiro todo ano – em vez disso, recebeu uma quantia total.

Não só outros artistas começaram a pensar de forma similar nesse período, como também bancos norte-americanos. Assim como os milhões de Bowie pingariam lentamente ao longo de várias décadas, os bancos tinham bilhões emprestados a pessoas que tinham

O LADO INVISÍVEL DA ECONOMIA

comprado casas. Esse dinheiro entrava porque as pessoas estavam pagando seus empréstimos.

Então, por que não vender esses empréstimos – assim como Bowie tinha vendido os direitos autorais? Um banco emprestava cerca de 100 mil dólares para cada uma de 10 mil famílias norte-americanas. Seria 1 bilhão de dólares que a instituição receberia de volta durante os 25 anos seguintes. Agora, o banco estava criando um papel que dizia que o dono dele teria direito ao dinheiro dos empréstimos. O banco, então, vendia o papel a outra pessoa (por exemplo, um fundo de pensão) e, como que por mágica, recebia de volta um maravilhoso novo bilhão para emprestar a 10 mil novas famílias.

Era fantástico. Empresta-se um bilhão, vende-se o empréstimo e recebe-se um bilhão. Mas a única coisa que se vendia na verdade era um monte de dívidas. Mais dinheiro. Menos risco. Todo mundo ganha. Isso mudou fundamentalmente as operações de diversos banqueiros. É claro, o problema era que o risco ainda existia, em algum lugar do sistema.

Era provável que as canções de David Bowie continuassem a gerar dinheiro quando ele criou seus títulos em 1997 e recebeu seus 87 milhões. Era a soma em que foram avaliados os futuros pagamentos de direitos autorais de suas canções. Afinal, como alguém em 1997 poderia ter previsto o fenômeno gigante que os downloads de música se tornariam? Ou quanto eles impactariam os ganhos de um artista? Sabemos disso hoje. Mas isso não é problema de David Bowie. Já as pessoas que compraram os títulos... esse problema é delas.

Antes, o banco aguentava as consequências se o tomador do empréstimo deixasse de pagar as parcelas de sua hipoteca. Naturalmente, nessa época, os bancos tinham mais cuidado ao emprestar. Agora, a relação tinha virado de ponta-cabeça. Os bancos começaram a se importar cada vez menos com o destinatário do empréstimo.

Afinal, eles vendiam o empréstimo de qualquer forma. Quanto mais dinheiro um banco emprestasse, mais empréstimos teria para vender – e mais dinheiro ganharia.

As firmas de classificação de crédito responsáveis por avaliar esse tipo de produto financeiro deveriam ter percebido os riscos. Mas eram pagas pelos mesmos bancos que tinham criado os títulos que agora elas tinham de avaliar. E essas firmas de classificação de crédito faziam parte de um mercado. Se um banco não gostasse de sua pontuação em uma empresa, podia procurar outra. Além disso, os bancos e as firmas de classificação de crédito usavam os mesmos modelos econômicos. Modelos construídos sobre a ideia de que todo mundo é igual ao homem econômico. Era basicamente impossível que os preços dos imóveis caíssem incontrolavelmente. O mercado não errava, então esses papéis eram, em outras palavras, "seguros".

A Reserva Federal Americana manteve as taxas de interesse em um patamar historicamente baixo, em vez de fazer algo para controlar a situação.

O padrão de vida da classe média norte-americana tinha crescido muito pouco desde os anos 1970. Para políticos de todos os tipos, era importante que a classe média, apesar do fosso cada vez mais amplo, se sentisse vencedora. Afinal, o que são os Estados Unidos se não a história de uma classe média que melhorou de vida? O sonho da casa própria era a solução. Toda família norte-americana deveria ter a oportunidade – não de poder pagar, mas ter a oportunidade – de comprar sua casa. A ideia se baseava em ser capaz de vender tempo. Se os preços das casas subiam, por que as dívidas não subiriam na mesma proporção? O valor cada vez maior dos imóveis era garantia suficiente. A renda tinha pouca ou nenhuma importância.

Entre 1997 e 2006, os preços dos imóveis nos Estados Unidos subiram 124 por cento. Quando a bolha estava no auge, 160 mil pessoas

O LADO INVISÍVEL DA ECONOMIA

compravam casas a cada semana. Foi a maior bolha econômica da história da humanidade.[4]

Os bancos emprestavam dinheiro a gente que não podia pagar. Pior, emprestavam dinheiro demais e, no fim, eles próprios compravam de volta muitos dos empréstimos, porque as agências de avaliação de crédito tinham dito que eram papéis seguros. Quando a bolha explodiu, esses bancos ficaram sem dinheiro e com papéis que, no fim, não tinham valor nenhum. Papéis que, além de tudo, estavam espalhados pelo mundo todo. E ninguém queria tocar neles.

Em 15 de setembro de 2008, o banco de investimentos Lehman Brothers quebrou. Foi o primeiro tiro. Os bancos norte-americanos arrastaram a economia global com eles.

Desde sempre, a especulação e a loucura financeira provocaram catástrofes econômicas. "Desta vez, é diferente", falamos todas as vezes, segundo Carmen M. Reinhart e Kenneth S. Rogoff em *Oito séculos de delírio financeiro: desta vez é diferente*. A especulação ocorre quando nossa fantasia coletiva coloca os olhos em algo que achamos ser completamente novo e único.[5] Criamos valor ao criar objetos que são diferentes de nós mesmos, depois tentamos cobrir essa distância.

Quando todos ficam sabendo que há pessoas ganhando muito dinheiro em um dado mercado, mais gente investe nele.[6] Isso faz os preços subirem e, quanto mais os preços sobem, mais pessoas investem. Claro, quanto mais elas investem, mais os preços sobem. Mesmo quando começam a perceber o que está acontecendo, isso não parece ter um efeito significativo. Elas continuam a jogar dinheiro diretamente na bolha.

É inevitável chegar no ponto em que tudo vira e alguém começa a gritar "Vendam!". O pânico se espalha, e todo mundo corre para a saída ao mesmo tempo. Os preços caem tão rápido quanto subiram, muitas vezes mais rápido. Assim, mais gente ainda corre para a saída, e os preços caem mais ainda. O otimismo exagerado se transforma em pessimismo exagerado. Todo mundo está procurando o pote de ouro no fim do arco-íris. E aí ele vira fumaça. Quando pensamos que podemos criar algo do nada, é muito difícil parar. O valor econômico aparece e desaparece em alucinações coletivas. Cada vez mais rápido. O capital flui livremente pelas fronteiras à velocidade da luz. Não está mais nas fábricas onde as coisas são feitas ou onde os recursos naturais são extraídos. Os financistas que perseguem o lucro não competem entre si por clientes como uma empresa de serviços faria nem desenvolvem produtos rivais como fazem as empresas de tecnologia. Os financistas perseguem os lucros na forma da própria especulação. Com grandes flutuações vem o dinheiro fácil, o risco maior e as grandes perdas. Trata-se de uma aposta em uma aposta.

Como diz Gordon Gekko no filme *Wall Street*, dirigido por Oliver Stone em 1987, virou um jogo de soma zero. O dinheiro nem se perde nem se cria, ele só passa de uma percepção a outra. "A ilusão virou real. Quanto mais real ela se torna, mais desesperadamente eles a desejam", afirma ele, de modo grosseiro.[7]

Até Mefistófeles, no *Fausto* de Goethe, entendia isso. Ele era representante do Diabo, afinal, esperando pela oportunidade de se apossar da alma de Fausto e levá-la com ele para o inferno. O próprio Fausto só queria ser feliz. Segundo o economista suíço Hans Christoph Binswanger, Fausto representa o homem moderno: por meio da ciência e do conhecimento, ele procura subjugar a natureza e construir um novo reino econômico. Ele quer liberdade e prosperidade, todo o prazer, todo o conhecimento e tudo o que nos faz implorar e rezar para que esse momento nunca acabe. É pedir demais?

Hoje, os algoritmos abstratos estão substituindo cada vez mais a contribuição dos corretores de valores aos mercados financeiros.[8] Computadores compram e vendem automaticamente segundo modelos matemáticos. Corretores em camisas de colarinho branco suadas e suspensórios vermelhos que gritam e agitam os

O LADO INVISÍVEL DA ECONOMIA

braços diante de números em grandes telas como no filme *Wall Street* logo deixarão de existir, mesmo que seu estilo de moda ainda sobreviva, infelizmente. Em vez disso, há empresas com sistemas de computador ultrarrápidos que conseguem fazer transações em massa baseadas em matemática avançada. Os grandes bancos nem ficam mais em Wall Street: mudaram-se para espaços mais adequados a seus enormes sistemas de computador. Os maiores recursos compram o maior computador. O mais rápido vence. Eles tentam ganhar dinheiro com a flutuação de preços de segundo a segundo em vários mercados. Às vezes, as coisas dão errado nesse universo sem rosto – um pedido de 10,8 bilhões de dólares vira 10,8 milhões de dólares por causa de um erro técnico. Os chamados algoritmos podem enlouquecer, comprando todo o universo num instante. Os sistemas de segurança são, por isso, bem azeitados e as táticas são bem ensaiadas. Esse tipo de transação acontece mil vezes mais rápido que um piscar de olhos. Um erro técnico na fantasia financeira poderia causar a próxima grande quebra. Poderia acontecer em minutos.

Uma bolsa de valores global hiperventilando poderia fazer milhões de pessoas perderem o emprego. Milhões de desempregados, por sua vez, gerariam um déficit nas finanças do país, e os governos, com pesar, poderiam ser forçados a cortar os cuidados com os idosos. Mas isso não mudaria o número de idosos que precisam ser alimentados, colocados na cama e ter alguém para lhes segurar a mão. Menos auxiliares de enfermagem teriam de fazer a mesma quantidade de trabalho. Suas costas e juntas talvez não resistissem. Assim, o custo de um erro em uma aposta relativa à mudança de preço de um segundo no cassino financeiro pode chegar ao joelho esquerdo até então saudável de uma auxiliar de enfermagem. Um joelho que nem Adam Smith, nem os líderes do mundo financeiro jamais levaram em consideração.

* * *

Quando a crise se tornou um fato, no primeiro semestre de 2008, Alan Greenspan, diretor da Reserva Federal Americana, foi interrogado pelo Congresso.[9] O democrata Henry Waxman o questionou:

– O senhor descobriu que sua visão de mundo, sua ideologia, não estava correta, não estava funcionando?

– Justamente por isso fiquei chocado, porque há mais de quarenta anos eu vinha tendo evidências de que tudo funcionava excepcionalmente bem.

A economia desenvolveu uma lógica e um jogo num universo próprio. Todo mundo em todo lugar era visto como o homem econômico: expressões individuais de uma única consciência econômica infalível. E tudo o que acontece é racional.

A prosperidade foi criada em algum lugar em outro universo financeiro, praticamente desconectado do que alguém faz com uma hipoteca ou do andamento de certo negócio. O valor poderia aumentar de qualquer forma. Tudo acontecia em outro nível – o ouro aparecia e desaparecia por meio de processos misteriosos. Como se a economia e os mercados não tivessem mais nada a ver conosco. O que produzimos, como trabalhamos, o que inventamos e do que precisamos.

As mudanças tecnológicas sempre transformaram os mercados. Quando o dinheiro se torna cada vez mais abstrato – primeiro como camurça e pedaços de metal, e finalmente como montes de empréstimos que são comprados e vendidos –, mais gente começa a pensar que ele está ao alcance. O potencial de prosperidade é enorme, mas os riscos também são. Sobretudo se não conseguirmos compreender desde o início o que é a prosperidade.

Independentemente de nossa habilidade de criar sistemas computacionais capazes de comprar e vender o mundo todo para si doze vezes em 300 microssegundos. Independentemente da elegância sedutora da matemática, não conseguimos fugir do fato de que, em sua essência, a economia se baseia no corpo humano. Corpos que funcionam, corpos que precisam de cuidado, corpos que criam outros corpos. Corpos que nascem, envelhecem e morrem. Corpos que são sexuais. Corpos que precisam de ajuda durante muitas fases da vida.

E de uma sociedade que os apoie.

Capítulo 8

Em que vemos que os homens também não são como o homem econômico

Desde os anos 1950, psicólogos e economistas têm testado sistematicamente as suposições feitas sobre as pessoas pela teoria econômica padrão. Conduziram experimentos sobre pensamento e processos de tomada de decisão e estudaram ressonâncias magnéticas do cérebro. Perguntaram-se sempre: quem é esse homem econômico? O primeiro ataque direto ao homem econômico foi publicado em 1979.[1] Dois pesquisadores israelenses, Daniel Kahneman e Amos Tversky, conseguiram demonstrar que, ao contrário do que afirmavam os economistas, nossas decisões não eram nem um pouco objetivas nem racionais. Kahneman recebeu o Prêmio Nobel de Ciências Econômicas em 2002, e seria de se pensar que esse foi o fim do homem econômico.[2]

Kahneman e Tversky estabeleceram que nos importamos mais com evitar o risco do que com maximizar o lucro. Frequentemente, chegamos a conclusões muito diversas com base na descrição de um problema e, ao contrário do mundo do homem econômico, o contexto é importante. Além disso, nossas preferências não são constantes, e o modo de ser mensuradas tem impacto sobre elas. Se temos um bem, acreditamos automaticamente que ele é valioso, e o desagrado de perder 100 libras é maior do que o prazer de ganhar a mesma quantia. Geralmente, preferimos que as coisas fiquem como estão, mesmo que não nos beneficiemos delas.

Acima de tudo, colocamos o bem-estar dos outros na frente do nosso em várias situações. Mesmo quando isso representa uma perda.

Pessoas reais dão gorjeta em restaurantes que nunca mais visitarão. O homem econômico, não. A garçonete nunca conseguirá se vingar cuspindo na sopa dele, então ele embolsa o dinheiro e sai sem pensar duas vezes.

Pessoas reais muitas vezes estão dispostas a cooperar. O homem econômico só coopera quando isso o beneficia. Ele também não liga se leva uma vantagem injusta em uma situação – ele só quer vencer.

Para o resto de nós, essas coisas são importantes.

Também faz diferença se as pessoas negociam umas com as outras pessoalmente.[3] Se olhamos alguém nos olhos, temos mais cuidado. Para o homem econômico, é tudo como trocar seis por meia dúzia. Além disso, irrelevante. Todas as situações são iguais: uma troca entre um ou mais indivíduos calculistas. Não há contexto. Tudo é completo e nada está pela metade e, sim, é mesmo uma competição.

Na realidade, não somos indivíduos racionais e egoístas. Homens e mulheres, crianças e adultos, jovens e velhos. Muitas vezes somos cuidadosos. Confusos. Altruístas. Preocupados. Ilógicos. Acima de tudo, nenhum de nós é uma ilha.

Nossas histórias econômicas não são isoladas, mas moldam a economia quando ela está subindo e quando está caindo. Ouvimos falar sobre como uns enriquecem e como empresas têm lucros recordes, e não importa se é verdade. Isso nos faz pensar que tudo vai dar certo. E, assim, se torna verdade. Até certo ponto. Porque começamos a gastar como se fosse verdade.

O LADO INVISÍVEL DA ECONOMIA

Da mesma forma, histórias de terror sobre valores de mercado despencando e corretores em pânico gritando "Vendam!" nos fazem segurar mais forte nossas economias. Dessa forma, também contribuímos com o aprofundamento da recessão. Nossos sentimentos criam nossas histórias – e nossas histórias viram movimentos no mercado. Se todo mundo que você conhece estiver disposto a pagar 250 mil libras por um novo apartamento, as sombrias manchetes sobre a bolha imobiliária atual não parecerão tão assustadoras. Você pede que o corretor de imóveis suba sua oferta em 10 mil libras. Um *boom* já foi descrito como um efeito do otimismo coletivo que se espalha pela sociedade. Nossos sentimentos coletivos não podem ser desligados. Se tivéssemos uma teoria econômica que os levasse em conta, poderíamos ter evitado uma série de problemas.

E entendido algo sobre nós.

O comportamento econômico é levado pela emoção, não pela razão. É coletivo, não individualista.[4] Ninguém que tenha assistido ao colapso da economia global em 2008 poderia acreditar que aquilo foi bem pensado ou resultado do tipo de decisão econômica bem-informada, que, dizem, é o único tipo de que somos capazes.

Já nos anos 1930, John Maynard Keynes escreveu sobre os sentimentos, impulsos e mal-entendidos mais ou menos entusiasmados que tanto impulsionam quanto derrubam economias. Depois da crise econômica de 2008, essas ideias foram revisitadas. Os economistas George Akerlof e Robert Shiller acreditavam que esquecemos essa parte da explicação de Keynes sobre a crise de 1930. Embora tenhamos abraçado outros elementos de suas teorias, nos apegamos à ideia da pessoa consistentemente racional, incapaz de ver os aspectos coletivos ou emocionais do mercado.

Mas se o homem econômico não for como nós, como ele é?

As expectativas de justiça e cooperação em geral causam impacto no comportamento das pessoas. Esperamos que os outros cooperem e compartilhem. Se eles agem de forma injusta, recuamos – mesmo que isso seja desvantajoso.

Psicólogos conduziram um experimento com crianças do jardim da infância e com alunos do primeiro e do sexto anos para ver se eram como o homem econômico. Os alunos com mais de 7 anos reagiram à injustiça como os adultos. Os mais jovens, por outro lado, se comportaram como o homem econômico.[5]

Quando crianças de 5 anos precisaram se posicionar diante da oferta de dividir uma quantia de dinheiro, elas não ligaram que a divisão fosse justa – só quiseram ficar com o máximo possível. Se recebiam uma quantia pequena, era melhor que nada. Elas aceitavam alegremente o que conseguissem. Igual ao homem econômico. Mas crianças de 5 anos não lideram a economia global.

Ou será que é exatamente isso o que acontece?

Os pesquisadores que conduziram o estudo estabeleceram que é aos 7 anos que começamos a levar fatores como justiça em consideração. A fase do homem econômico é passageira, pelo menos foi o que transpareceu em um lúdico experimento simplificado em um laboratório. É bastante provável que até crianças de 5 anos sejam mais complexas em situações reais.

Não há sociedade humana que se oriente apenas pela ganância e pelo medo, pelo interesse pessoal e pela racionalidade. Ela nunca daria certo. O economista e filósofo Amartya Sen ilustrou isso com a seguinte situação:[6]

– Onde fica a estação de trens? – pergunta um estranho.

– Ali – responde o aldeão, apontando para outra direção, a dos correios. – E será que você poderia, por favor, postar esta carta para mim no caminho?

– É claro – diz ele, determinado a abrir o envelope e checar se contém algo de valor.

Não é assim que o mundo funciona.

* * *

O LADO INVISÍVEL DA ECONOMIA

As equações sobre por que o homem econômico faz o que faz são operações matemáticas relativamente complicadas. Ao mesmo tempo, pesquisas psicológicas mostram que pessoas reais não escolhem com muita frequência a opção mais racional em uma situação. Muitas vezes, nem entendemos qual seria "a opção mais racional". Esses resultados vêm de experimentos simplificados que usam dinheiro de mentira em um laboratório. Mesmo assim, não conseguimos ser racionais. Lá fora, no mundo real, as coisas são infinitamente mais complicadas. Como alguém pode ter uma visão geral de tudo? Pesar e comparar cada possibilidade, conseguir calcular e maximizar os ganhos?

Será que somos capazes de ser como o homem econômico?

Milton Friedman, um economista neoliberal, usou o bilhar em um famoso desafio a esse tipo de crítica. Imaginemos um jogador de bilhar habilidoso.[7] Ele não conhece necessariamente as leis da física, mas joga como se as conhecesse. Basta sabermos disso.

Podemos então prever o comportamento dele criando um modelo. No modelo, simplesmente supomos que o jogador de bilhar conhece as leis da física. Talvez não seja verdade. Mas o modelo funcionará mesmo assim, porque ele joga como se conhecesse essas leis.

As pessoas, em outras palavras, talvez não sejam como o homem econômico. Ainda assim, segundo Friedman, agem como se fossem. Portanto, um modelo baseado no homem econômico pode prever o que elas farão e o que acontecerá na economia.

Segundo essa lógica, não deveríamos julgar se a visão que os economistas têm das pessoas é correta ou não. Deveríamos julgar se suas conclusões correspondem, na prática, aos atos das pessoas no mercado.

Mas prever o mercado, sendo sincera, não é algo que os economistas tenham feito especialmente bem. Quando a crise financeira chegou, no outono de 2008, a rainha Elizabeth II visitou a London School of Economics. Os especialistas ali reunidos descreveram a

Katrine Marçal

crise. A rainha pareceu surpresa: "Como ninguém previu isso?", ela se perguntou. Era uma boa pergunta.

O professor de Harvard e diplomata norte-americano John Kenneth Galbraith certa vez brincou que Deus criou os economistas para melhorar a reputação dos astrólogos, e ele próprio era um dos economistas mais celebrados do mundo.[8] O economista norte-americano ganhador do Nobel Robert Lucas se sentiu na obrigação de responder à rainha. Na revista *The Economist*, explicou que os economistas não previram a crise porque tinham previsto que esse tipo de acontecimento não podia ser previsto.[9] A questão é se isso fez algum sentido para a rainha.

Hoje, o mercado conduz a economia mundial, muito mais do que nunca. Nas últimas décadas, ouvimos os economistas mais do que nunca. Mesmo assim, a nossa época tem sido uma época de crises. A quebra da bolsa norte-americana de 1987. O colapso econômico do Japão. A crise financeira do México de 1994. A crise após a falência do fundo de cobertura Long Term Capital em 1998. (Um ano depois de Myron Scholes e Robert C. Merton receberem o Prêmio Nobel por suas teorias sobre por que o Long Term Capital nunca iria à falência.) A crise financeira russa do mesmo ano. A crise asiática. A quebra do setor de TI na virada do milênio. E, finalmente, a crise financeira global de 2008. A pior crise desde a Grande Depressão. Para todo mundo, exceto para um punhado de economistas, foi um completo choque.

Depois da queda da União Soviética, o Fundo Monetário Internacional (FMI) e o Departamento do Tesouro dos Estados Unidos pressionaram pela privatização na Rússia em uma velocidade recorde.[10] Vários economistas tentaram transformar o país de economia planejada em economia de mercado em questão de dias – não de anos. Se descascarmos as camadas do comunismo, surgiria embaixo um país de indivíduos racionais, pensaram, e as pessoas começariam a construir uma vibrante sociedade capitalista, como se nunca tivessem feito nada diferente. Consideravam que as instituições, a história, a divisão de riqueza e as normas sociais russas não tinham importância. Não havia motivo para se envolver nos detalhes. Os princípios econômicos eram universais. As doutrinas deviam funcionar independentemente. Para além de qualquer contexto, qualquer história, qualquer coesão e qualquer circunstância que determine o que normalmente chamamos de "existência". Nos modelos, só havia um mundo. A natureza humana. O homem econômico.

O resultado é bastante conhecido: um pequeno grupo de oligarcas logo controlou os ativos russos. De repente, o Estado não conseguia nem pagar aposentadorias, e, ao mesmo tempo, os recursos do país estavam sendo vendidos com entusiasmo. O dinheiro foi levado para contas bancárias na Suíça e no Chipre. Parecia mais coisa de crime organizado do que de mercado organizado. O que sobrou foi um país com um padrão de vida mais baixo do que antes das reformas e milhões de pessoas se perguntando se a democracia era mesmo isso. Se é assim, não, obrigado, disseram, e elegeram Vladimir Putin presidente, mediante promessas de estabilidade e orgulho renascido.

Na década de 1990, ano a ano, a renda per capita caiu na Rússia. Até a Ucrânia passou por um desenvolvimento similar. A Polônia, que não se importava com os conselhos do FMI, se saiu significativamente melhor.

Transformar uma economia capitalista em comunista é "como fazer sopa de peixe usando um aquário", disse o líder sindicalista Lech Wałęsa, que depois se tornaria presidente.[11] A dificuldade estava em fazer essa mágica ao contrário.

O mercado está longe de ser uma peça de um relógio funcionando em harmonia, uma consequência inevitável de indivíduos racionais e humanos seguindo um caminho único pela vida. É mais complicado que isso. A característica mais marcante do mercado, se é que há uma, é a incrível pressão pela mudança. Sem sentimentalismo, ele varre antigas empresas, antigas tecnologias e tudo o mais que não tem como usar; em muitos casos, pessoas. O mercado não é muito atencioso. É por isso que ele pode impulsionar tanto o desenvolvimento, mas também pode destruir esse desenvolvimento pelo mesmo motivo – e com a mesma força. O mercado é incrivelmente eficaz em algumas áreas e incrivelmente ineficaz em outras. É tudo, menos mecânico, simples e inevitável.

Os economistas que acreditam no homem econômico em geral afirmam que sua visão da humanidade pode estar incompleta, mas é completa o suficiente para ser útil. Indiscutivelmente, os economistas nos ensinaram coisas sobre como o mundo funciona que nos ajudaram a melhorá-lo – se dizem que o homem econômico pode ajudá-los, por que não acreditar? Por que não simplificar a figura do homem e do mercado? A simplificação é uma ferramenta que usamos em muitas áreas.

Dizemos, por exemplo, que a Terra é redonda. Mas não é. A Terra é uma elipse. E cheia de montanhas, vales e calotas glaciais derretendo.

Mesmo dizendo que a Terra é redonda, nunca seríamos capazes de navegar nossas embarcações (ou nossos mísseis de cruzeiro) usando mapas desenhados como se o mundo fosse uma esfera perfeita. Quando desenhamos mapas, tentamos medir as irregularidades da Terra e levá-las, de alguma forma, em consideração. Por outro lado, deixamos o homem econômico em paz. Os modelos criados com ele são usados como uma base para guiar a economia global e são prescritos a países pobres com problemas. Aqui está, agora resolva! Apesar do fato de sabermos há mais de trinta anos que, na melhor das hipóteses, o homem econômico é uma simplificação – e na pior, uma alucinação.

Hoje, ele continua definindo o que é a lógica econômica. Ainda é essa imagem da humanidade que se ensina nos cursos universitários básicos de economia – sem falar em populares livros de ciência que aplicam o mercado a partes cada vez maiores de nossa vida. O homem econômico domina, embora há anos as pesquisas mostrem que ele tem muito pouco a ver com a realidade. Continuamos sendo seduzidos. E ele continua insistindo que somos todos como ele. Quer saibamos disso, quer não. Independentemente do que façamos.

Um homem sobe na torre de uma igreja e cacareja como um galo. Diríamos que ele está louco.[12] Mas o que sabemos sobre isso? Algumas pessoas pulam de paraquedas, outras escalam o Himalaia – isso também é perigoso. Você não tenta matar sua namorada com uma folha de alface. Isso seria loucura. Você tenta matar a namorada com uma faca. Nesse caso, alegaria que estava fora de si. Mas o homem econômico sabe a verdade. Ele sabe que somos sempre racionais, não importa a alegação.

Se alguém colocar uma arma na cabeça de um alcóolatra e disser para ele não beber, ele vai largar o copo. Portanto, parar de beber sempre foi uma opção dele. Mas ele preferia não parar. Simplesmente não tinha um motivo para isso. Até agora. Quem pode chamar alguém de louco? Quem pode dizer que alguém não sabe o que é melhor para si?

Era uma vez um homem que vivia com onze gansos em seu apartamento. Ele os havia capturado em um parque à noite e levado para casa, um a um, envoltos em um cobertor. Um dos gansos tinha uma asa quebrada. O homem tratou com elástico e fita adesiva. Quando a polícia chegou para recuperar os pássaros, o homem estava triste. Havia algo de errado com ele? Ou ele simplesmente tinha, como diria o homem econômico, uma preferência por gansos?

Algumas pessoas lavam as mãos duzentas vezes por dia, outras se recusam a virar à esquerda enquanto dirigem. Há gente capaz de ver esportes durante dez horas seguidas. Há aqueles que esfregam o chão por quinze horas. Se você estiver preocupado com a possível derrota da seleção, você se entrega à preocupação. Se tiver medo de bactérias, se dedica a elas. Há uma lógica. Uma racionalidade. Se você se sentir realmente mal, comete suicídio. O significado das coisas não se encontra no contexto amplo. Ele está trancado em uma caixa que não deve ser aberta. Muitos pacientes com doenças mentais estão convencidos de que todo mundo, exceto eles, está louco. Meus episódios e rituais compulsivos são reações normais a circunstâncias anormais. Apagam a luz da enfermaria, você grita angustiado, e o som oco que sai da sua boca também é uma espécie de demanda. O mundo continua a girar nos trilhos que ele mesmo constrói. É o carrossel do inferno. Você precisa extrair dele mais do que coloca, caso contrário, é a definição de inútil. Mesmo em um exército único que marcha em uma direção única, você está sempre sozinho. Uma lógica, um mundo, e você morre a própria morte.

Esse é o mundo a que nos apegamos.

CAPÍTULO 9

EM QUE OS INCENTIVOS ECONÔMICOS NÃO SE REVELAM TÃO DESCOMPLICADOS QUANTO PODERÍAMOS IMAGINAR

Era uma vez um homem e uma mulher que tinham uma gansa muito especial. Toda manhã, quando acordavam, a gansa tinha botado um ovo de ouro puro. No início, o casal não entendeu o que eram aqueles ovos incomuns, pesados como chumbo e muito maiores que os outros. Mas os dois acabaram percebendo do que os ovos eram feitos e começaram a vendê-los um a um. Com o tempo, os dois ficaram muito ricos.

– Imagine – disse o homem à mulher certo dia – se houvesse uma forma de conseguirmos pegar todo o ouro que está dentro da gansa.

– Sim – respondeu ela. – Aí não precisaríamos esperar ela botar ovos toda manhã.

Eles então abateram a ave no terreiro. Impacientes, perceberam com horror, ao abrir a gansa morta, que não havia nenhum ovo dourado. Apenas sangue, músculos, penas e tripas. Por dentro, a gansa era como qualquer outra ave. E não haveria mais ovos de ouro. A gansa que os botava estava morta.

* * *

Não há linguagem na Terra levada tão a sério quanto a da economia. *Melhoria nas projeções de crescimento leva a finanças públicas mais robustas. Normalização do mercado. Deixar o mercado decidir. Igualar as condições. Baixar o limiar. Tomar decisões difíceis. Instrumentos ineficazes para estimular a demanda. Previsão de produtividade melhorada. Mercado competitivo. Efeitos marginais muito fortes.* Uma linguagem de pura necessidade. Todos sabemos o que tem de ser feito, só não sabemos se seremos reeleitos depois de fazê-lo. O êxtase da razão.

Os primeiros mercados emergiram em torno de povoados e entre vilas. Considerava-se importante que o comércio ficasse separado da comunidade humana.[1] A lógica de compra e venda do mercado não devia se misturar com o resto da sociedade. Devia manter-se na periferia, e as pessoas faziam rituais mágicos para que as fronteiras entre os lugares onde estavam e o comércio se mantivessem sagradas e estáveis. Locais de troca eram marcados com uma pedra, e a lógica do mercado devia ser mantida dentro da borda indicada por aquela pedra.

Muitos milhares de anos se passaram desde então, e a lógica do mercado inundou os bancos. Em cima. Por fora. Por dentro. Dizer "economia" virou sinônimo de "racionalidade". Comprar, vender e competir é considerado a imagem da sociedade como um todo. A política é analisada dessa forma, bem como a lei, o amor – toda a nossa existência. A cada transação que fazemos, há alguém para nos dizer como ela se relaciona com as ideias econômicas de interesse pessoal, competição e conquista de maior satisfação pelo menor custo. O cínico descrito por Oscar Wilde sabia "o preço de tudo e o valor de nada", mas ninguém disse a ele que o valor se media pela demanda.

O mercado não apenas mudou para os centros das maiores metrópoles – prédios construídos em sua homenagem chegam a definir as grandes cidades: Nova York, Xangai, Tóquio, Londres, Kuala

O LADO INVISÍVEL DA ECONOMIA

Lumpur. As silhuetas de áreas metropolitanas em todos os cantos são dominadas por arranha-céus de setores bancários e financeiros. Nunca antes construímos prédios tão altos ou em tão larga escala, mas no topo dos arranha-céus é preciso colocar redes de segurança – senão as pessoas se jogarão nas nuvens em direção à morte, cem andares abaixo, na rua.

Ao mesmo tempo que o homem econômico cresceu e dominou o mundo, os mercados ainda parecem precisar de nossos feitiços, talvez agora mais do que nunca. Estamos constantemente preocupados com seu bem-estar. O mercado pode estar positivo, tenso, superaquecido, feliz e inquieto – uma extraordinária criatura cheia de sentimentos. Sua vida interior é tão rica que alguns dos jornais mais prestigiosos do mundo se dedicam a acompanhar todas as suas flutuações. Às vezes, ele pensa e contempla:

O mercado ignorou a expectativa de subida de preços. Ontem, o mercado teve dificuldades de tomar uma decisão. O mercado interpretou a decisão do governo como uma não desvalorização. A rápida reação do mercado surpreendeu a todos. O mercado chegou à sua própria conclusão.

Às vezes, ele está teimoso e infeliz:

O mercado não se impressionou com a medida do governo. O mercado ainda está longe de se convencer de que a Itália está falando sério. O mercado ficou muito decepcionado com o Bundesbank alemão.

Ele pode ser agressivo e violento:

O governo grego se viu no meio de uma guerra com o mercado. Os Estados Unidos talvez deixem o mercado derrubar o dólar. O mercado sentiu cheiro de sangue. O Banco Central ainda tem munição sobrando. Temos de convencer o mercado de que estamos falando sério!

Mas ele também pode se sentir mal:

Na semana passada, o mercado estava tenso. A queda da libra perturbou o mercado. O mercado ainda está inseguro depois do golpe duro. O nervosismo do mercado provavelmente é culpa do ministro das Finanças Anders Borg. *O mercado ficou confuso com os comentários dele. O principal sentimento do mercado era insegurança. O mercado teve espasmos. O mercado está deprimido.* Ontem, Portugal tentou acalmar o mercado.

Quando o mercado está excepcionalmente perturbado (clinicamente deprimido ou com alguma forma de ansiedade galopante), a sociedade tem de lhe oferecer algo: grandes quantias de dinheiro. A economia deve ser "estimulada". As pessoas, o Estado ou ambos devem consumir mais para manter o mercado funcionando. É caro, mas considerar uma alternativa é assustador demais. O consumo se torna sangue divino – ao mesmo tempo limpo, sujo, belo, nojento e sagrado.

"Com toda essa falação sobre como estimular, seria de se pensar que a economia é um grande clitóris", escreveu a jornalista americana Barbara Ehrenreich.[2] No entanto, pensando bem, a economia não chega nem perto de ser tão complicada quanto o corpo feminino. Mas ela precisa de um toque delicado.

A economia, de um lado, é a clara voz da razão (idealmente expressa por meio de matemática complexa). De outro, ela tem a ver com a vida emocional do mercado. Uma vida emocional selvagem e desregrada, descrita com milhares de nuances – por todas as colunas do *Financial Times, Dagens Industri* e *Wall Street Journal.*

Ao mesmo tempo que descrevemos o mercado como se tivesse emoções humanas, nos descrevemos como se não tivéssemos emoções humanas. Como se fôssemos deuses vazios ou empresas em – isso mesmo – um mercado.

Tenho de pensar sobre minha marca pessoal. Você tem de investir em nosso relacionamento. É divertido estar de volta ao mercado. Eu te devo mais do que posso dar em nossa relação. Você precisa melhorar a forma como se vende. Filhos são um investimento em nosso futuro. Ele não quer assumir o risco emocional. Ela passou da data de validade.

O LADO INVISÍVEL DA ECONOMIA

Enquanto a linguagem humana é usada para descrever o mercado, a linguagem do mercado é cada vez mais usada para descrever as pessoas. A economia se tornou a gente, e nós nos tornamos a economia.

No livro *Spousonomics: Using Economics to Master Love, Marriage, and Dirty Dishes* [*Spousonomics*: usando a economia para dominar o amor, o casamento e a louça suja], Paula Szuchman e Jenny Anderson prometem melhorar nossas relações românticas com a ajuda de princípios econômicos.

Szuchman e Anderson veem o casamento como um negócio especulativo, e o propósito do livro é ajudar os leitores a aprender como maximizar seu retorno. É a lógica do mercado sendo aplicada no quarto. O ponto de partida é que toda relação romântica não deixa de ser uma pequena economia: dois indivíduos econômicos racionais debaixo de um mesmo teto. O casamento é um negócio com recursos limitados que têm de ser distribuídos de forma eficaz para que seja frutífero. Segundo as autoras, os princípios do mercado podem nos ajudar em tudo: nas brigas sobre a roupa suja, sobre os filhos e sobre não transar mais.

Elas usam Howard como exemplo.

Quando Howard chega em casa à noite, ele frequentemente se irrita com a família. Brinquedos e triciclos estão espalhados por todo canto, e Howard fica fora de si. Nada ajuda. Ele grita e nada é capaz de acalmá-lo. Todo dia é isso. Até que sua esposa Jen começa a aplicar os princípios do *Spousonomics*.

As pessoas são egoístas e reagem a incentivos, dizem as teorias econômicas padrão. Ao adestrar um cachorro, você o manda sentar e, se o animal faz o que você diz, você dá um biscoito. O biscoito é um incentivo – sentar é o comportamento desejado. O homem econômico sempre reage bem aos incentivos; uma calculadora relâmpago calcula o que ele ganhará em cada situação.

Segundo essas teorias, o comportamento das pessoas sempre pode ser mapeado pelo que elas ganham e não ganham em uma situação. As explosões de Howard não são um comportamento desejável. Elas irritam sua esposa e assustam seus filhos. Portanto, Howard deve receber um incentivo para parar de agir assim. Tem de ser algo que valha o suficiente para que ele não tenha um acesso de raiva. Jen cria um sistema de incentivos. Se Howard não fica irritado por três noites seguidas, ela transa com ele. Funciona: Howard logo para de dar chilique. Prova de que uma troca econômica funciona, afirmam com alegria Szuchman e Anderson. Voltamos aos anos 1950, outros poderiam dizer.

O *Spousonomics* não menciona o fato de que, fazendo isso, Jen mudou a base de seu casamento. Ao implementar incentivos econômicos, ela ao mesmo tempo mata a sexualidade adulta de sua união.

A sexualidade deixou de ser uma diversão, um convite a voltar para casa e estar com o outro, e se transformou em um sistema de recompensas. Howard deixou de ser um homem e se transformou em um tipo de criança bizarra que tem de ser alimentada com sexo para ficar calma. E o corpo de Jen deixou de ser uma parte dela. Tornou-se uma ferramenta, algo que ela usa para manter seu homem feliz.

É uma história antiga, não importa quantas equações econômicas tentem recriá-la.

A questão é que incentivo econômico não é algo tão descomplicado quanto imaginamos.

Há pouco mais de um século, a peste bubônica assolou Hanói. A fim de impedir a dispersão da doença, empregaram-se caçadores de ratos municipais. Eles deviam matar os ratos, especialmente aqueles do sistema de esgoto da cidade. Logo ficaram muito ocupados. Os ratos se multiplicavam tão rápido que os caçadores não conseguiam acompanhar e, apesar de matarem milhares de ratos por dia, a população deles não parecia diminuir nada.

O poder colonial francês pediu a ajuda da população. A cada rabo de rato levado às autoridades, haveria uma recompensa. Inicialmente, o programa pareceu muito bem-sucedido. Milhares de rabos de rato eram apresentados todos os dias, mas logo as autoridades suspeitaram de trapaças. As ruas estavam cheias de ratos vivos sem rabo. E as pessoas começaram inclusive a criar os animais com o único propósito de cortar-lhes o rabo e ser remuneradas pelas autoridades.

Muitas vezes enfrentamos esse problema: obtemos exatamente aquilo pelo que pagamos, e isso nunca é o esperado – precisamente porque levamos aquilo pelo que pagamos. O programa de caça aos ratos em Hanói foi encerrado.

Em uma creche de Israel, a equipe tinha um problema antigo com pais estressados que não conseguiam sair do trabalho a tempo. Todo dia, a equipe tinha de fazer horas extras. Dois economistas fizeram um estudo do problema.[3]

A fim de lidar com o atraso dos pais ao pegar os filhos, a creche estabeleceu multas. Pais que atrasavam para buscar os filhos eram multados. Mas isso fez com que os pais passassem a pegar as crianças ainda mais tarde. Como assim?

Quando a creche implementou multas pelo atraso, sem querer matou aquilo que fazia os pais tentarem buscar os filhos na hora: a obrigação. A sensação de saber que deveriam chegar às 5 da tarde, para não atrapalhar a equipe. Ao estabelecer as multas, a creche, sem querer, colocou um preço nos atrasos. Se há um preço, e a pessoa pode pagá-lo, não vai estar errada.

Os pais começaram a ver as multas como uma cobrança por um serviço extra. O imperativo moral morreu. A relação entre pais e funcionários mudou. A motivação inicial não estava vinculada ao dinheiro. E ligá-la ao dinheiro muda os parâmetros da situação.

Se oferecemos uma compensação a um passante para que nos ajude a descarregar um sofá de um caminhão, ele tende a não fazer isso.

As pessoas querem ajudar. Mas, quando introduzimos o dinheiro na equação, elas perdem a motivação.

Trata-se então de executar um serviço em troca de pagamento e, nessa situação, as pessoas se mostram bem menos interessadas. Em seus modelos padrão, os economistas costumam supor que, quanto mais motivos, melhor. Um mais um é igual a dois. E dois sempre é mais que um. Da mesma forma, dois motivos para fazer algo é melhor que um. É assim que funciona o homem econômico. Se ele quer buscar os filhos na creche no horário porque prefere não incomodar os funcionários, ele vai. Não há nada que o impeça de reagir a um incentivo monetário. Nós, por outro lado, somos mais complicados. Não porque os incentivos econômicos não nos afetam. Mas porque eles nos afetam, sim.

O professor que ganha mais dinheiro se as crianças tirarem notas melhores nos testes padronizados garantirá notas maiores nessa prova – mas não necessariamente dará uma educação melhor a seus alunos.

O diretor que recebe um bônus de 100 mil se as ações da empresa subirem garantirá que essas ações subam, mas não estará necessariamente fazendo a melhor coisa para a empresa no longo prazo.

Ao estabelecer incentivos, muitas vezes procura-se algo que seja fácil de medir e que possa ser usado como índice para o que se quer melhorar. Bons resultados em testes padronizados são uma medida do conhecimento dos alunos – assim como o valor de uma ação é a medida de como estão indo os negócios das empresas.

O que costuma acontecer, porém, é que as pessoas tentam trabalhar em torno desse incentivo. Os professores começam a ensinar como tirar boas notas na prova, não conhecimento. O diretor começa a tomar decisões que fazem a ação subir no curto prazo, não que fortalecem a empresa além do próximo relatório trimestral.

O problema com os incentivos econômicos não é que eles não funcionam, mas que, embora funcionem, frequentemente mudam a

O LADO INVISÍVEL DA ECONOMIA

natureza da situação. Às vezes, isso não tem importância – como quando uma instituição de caridade começa a oferecer vacinação gratuita na Índia rural.[4] Apesar de as vacinas estarem disponíveis a todos, oito em cada dez crianças ainda não eram vacinadas. A organização começou a experimentar formas de estimular os pais a vacinarem seus filhos. A mais eficaz parecia ser oferecer a eles algumas porções gratuitas de ensopado de lentilha. Pais que antes não viam motivo para vacinar os filhos agora tinham uma razão para fazê-lo, e a porcentagem de vacinações aumentou. Em muitas situações, os incentivos econômicos funcionam maravilhosamente. As pessoas, porém, não são marionetes isoladas que perseguem todas as cenouras e dão shows a cada chicotada. Não existimos em um mundo onde tudo é calculado em termos de economia. Ao introduzir um incentivo econômico, arrisca-se, como na creche israelense, a matar aquilo que estava mantendo a situação estável.

Um estudo econômico foi feito na Suíça antes de o país conduzir um de seus muitos referendos.[5] Tratava-se de saber se o Estado deveria ou não armazenar lixo nuclear, e os cientistas estavam interessados na reflexão das pessoas sobre o tema.

Foram de porta em porta com o questionário: será que as pessoas conseguiam imaginar uma instalação de lixo nuclear em seu bairro? Cinquenta por cento respondeu que sim.

Certamente parecia perigoso e, certamente, desvalorizaria o preço das casas. Disso, os moradores não gostavam. Mas a instalação tinha de ficar em algum lugar. Então, se as autoridades quisessem colocar ali, eles sentiam que era responsabilidade deles, como cidadãos suíços.

Quando se perguntava, por outro lado, se as pessoas considerariam a instalação se fossem recompensadas pelo transtorno com uma quantia anual relativamente grande – o equivalente a seis semanas de trabalho de um trabalhador comum –, de repente apenas 25 por cento delas responderam que sim. Elas queriam ser boas cidadãs, mas não se tratava mais disso. O incentivo monetário matou a motivação verdadeira.

Muitas vezes, a gansa dos ovos de ouro é algo que não imaginamos. É por isso que arriscamos a vida dela.

Estabelecemos um incentivo econômico acreditando que as forças econômicas são o que nos motiva. O homem econômico entra em uma situação e consegue, ao mesmo tempo, derrubar as considerações morais, emocionais e culturais que, em retrospecto, eram incrivelmente importantes para o funcionamento da economia e seu desenvolvimento. Definidos dessa forma, os princípios de mercado não têm dificuldade para apenas explicar as coisas mais importantes. Eles também se arriscam a arruinar as coisas mais importantes.

CAPÍTULO 10

EM QUE VEMOS QUE VOCÊ NÃO É EGOÍSTA SÓ PORQUE QUER MAIS DINHEIRO

Nancy Folbre, feminista e professora de economia, costuma contar a seguinte anedota:[1]

Era uma vez deusas que decidiram começar uma competição, uma espécie de Olimpíada com os países do mundo. Não era uma corrida comum com uma distância fixa e uma medalha para quem cruzasse a linha de chegada. Era uma competição para ver qual sociedade conseguia fazer seus membros como um todo avançarem. A largada foi dada, e a nação número um rapidamente tomou a frente.

Essa nação encorajou cada um de seus cidadãos a correr o melhor e mais rápido possível em direção à linha de chegada desconhecida – e todos supuseram que o caminho não devia ser muito longo. Começaram a correr muito rápido e, logo, as crianças e os idosos ficaram para trás. Nenhum dos outros corredores parou para ajudá-los. Estavam eufóricos de ver como corriam rápido, e não tinham tempo a perder. Mas, conforme a corrida continuava, até eles começaram a se cansar. Aos poucos, quase todos os corredores estavam com dor e machucados – e não havia mais ninguém para substituí-los.

A nação número dois usou uma estratégia diferente. Essa sociedade enviou todos os homens jovens na frente e pediu que as mulheres cuidassem da retaguarda. Elas carregariam as crianças e cuidariam dos idosos. Isso significava que os homens conseguiam correr bem rápido. As mulheres estavam por perto e podiam ajudá-los quando eles se cansavam. No começo, pareceu um sistema excelente, mas logo surgiram os conflitos. As mulheres sentiam que seus esforços eram no mínimo tão importantes quanto os dos homens. Se elas não tivessem de carregar as crianças, poderiam correr tão rápido quanto eles, argumentavam. Os homens se recusavam a aceitar. E o que parecia uma estratégia vencedora perdeu o impulso. Cada vez mais energia era gasta em conflitos, negociações e brigas.

A atenção se voltou para a nação número três, que se movimentava relativamente devagar. Mas, quando as deusas a observaram, viram que esse país tinha um ritmo bem mais estável que os outros. Ali, esperava-se que os participantes ao mesmo tempo corressem e cuidassem dos menos capazes. Homens e mulheres eram igualmente encorajados a tomar a liderança, e todo mundo se revezava cuidando das crianças e dos doentes.

Valorizava-se tanto velocidade quanto contribuição, e essa responsabilidade compartilhada criava solidariedade entre as pessoas. Obviamente, essa nação venceu a competição. É uma história bem bonita.

Toda sociedade deve, de alguma forma, criar uma estrutura para cuidar das pessoas, senão nem a economia nem mais nada funcionará.

"Como seu jantar chega a você?" é a pergunta fundamental da economia e, mesmo se Adam Smith tivesse escrito que a resposta é o interesse pessoal, a mãe dele garantiria a comida na mesa toda noite e cuidaria dele quando tivesse febre.

Sem cuidado, as crianças não crescem, os doentes não se curam, Adam Smith não escreve e os idosos não conseguem viver.

É recebendo cuidado de outros que aprendemos sobre cooperação, empatia, respeito, autodisciplina e consideração. São competências fundamentais na vida. A ciência econômica queria "conservar o amor". Para o amor ser economizado, era preciso excluí-lo, e forças motrizes como consideração, empatia e cuidado foram eliminadas da análise. Não eram consideradas traços criadores de prosperidade. Uma coisa era feita por dinheiro. A outra, por consideração. E as pontas nunca devem se encontrar.[2]

Era também importante que a mesma coisa acontecesse ao contrário: prosperidade e dinheiro foram excluídos das conversas sobre consideração, empatia e cuidado. Talvez seja essa omissão o que melhor explique por que a posição feminina na economia hoje é tão pior que a dos homens.

"Dinheiro é felicidade humana abstrata", escreveu o filósofo Arthur Schopenhauer. "Por isso, aquele que já não é capaz de apreciar a felicidade humana concreta dedica seu coração inteiramente ao dinheiro."[3] Dinheiro é desejo congelado, não um desejo por algo em especial, mas um símbolo da realização do desejo em geral.

Idolatramos o dinheiro. Mas, em algum nível, pensamos que ele é um pouco indecoroso. Como a maioria dos desejos. Especialmente nas mulheres.

Tradicionalmente, o trabalho de cuidado era feito na casa, que era vista como o lugar para onde um homem podia voltar depois de um dia difícil no mundo frio e impessoal do trabalho assalariado. Ali ele poderia afundar-se no suave reino feminino de emoção, moralidade, sensualidade e cortinas de renda bordadas com requinte.

Ali, o homem não era uma peça na engrenagem, recebendo incentivos econômicos por agir de forma desejável. Ali, ele tirava umas férias do mercado e podia ser uma pessoa melhor sob o olhar tranquilo de uma mulher. O dever feminino não era apenas equilibrar a vida de um homem por meio do cuidado e da empatia e colocá-lo em contato com os aspectos da experiência humana que ele não era capaz de aceitar em si. Ela também devia criar equilíbrio na sociedade. Enquanto o suave mundo dela complementasse as exigências do mercado, nós, como espécie, não cairíamos livremente na ganância e na competição. A mulher, por meio do cuidado e da empatia, dava significado à luta do homem no mercado de trabalho. Essa era sua função econômica. Assim dizia a historinha da era vitoriana, quando o capitalismo como o conhecemos hoje ficou grande o suficiente para começar a contar as próprias histórias.

Mesmo quando esse trabalho de cuidar passou da casa para o hospital, a creche e o asilo, a dicotomia amor-dinheiro permaneceu. Cuidar dos outros era algo que se fazia por ser uma boa pessoa – ou seja, mulher. Não porque se quisesse ter uma carreira ou se sustentar.

Muitas das primeiras enfermeiras eram freiras que tinham feito um juramento de pobreza. Fora elas, o corpo de enfermeiras era composto de mulheres jovens esperando para se casar. Elas não tinham família para cuidar e, no fim, seriam sustentadas por um homem, não precisavam ganhar dinheiro com seu trabalho. Além disso, a vocação de enfermeira era nobre e importante, argumentava-se. Por isso, não devia ser paga.

Para os homens, funcionava a lógica oposta: trabalho importante para a sociedade deve pagar bem. Se meu grande banco falir, toda a economia sofrerá um colapso – é por isso que eu devo receber um bônus de meio milhão. Mas essa lógica não se aplica às mulheres. Como as cuidadoras profissionais são, em sua maioria, mulheres, essa lógica também não se aplica a esse tipo de trabalho.

Se as mulheres trabalham no setor de cuidados porque os salários são baixos ou se os salários são baixos porque as mulheres trabalham nele é uma pergunta que não pode ser respondida. Sabemos, porém, que uma boa razão para a desigualdade econômica entre homens e mulheres é que as mulheres trabalham em proporção muito maior com cuidados. E enfermagem e cuidados

O LADO INVISÍVEL DA ECONOMIA

são desvalorizados economicamente sobretudo por causa da dicotomia entre amor e dinheiro.

A fundadora da enfermagem moderna, Florence Nightingale, nasceu em Florença em 1820, de pais britânicos.[4] Eles a batizaram em homenagem à cidade toscana às margens do rio Arno onde ela veio ao mundo e, como eram prósperos, ela teve a oportunidade de ser educada. Florence tinha uma fé profunda e desde cedo acreditou que Deus a convocara a ser enfermeira. Sua mãe hesitava. A enfermagem era uma profissão com má reputação, exercida por mulheres pobres. A despeito dos protestos familiares, Florence aprendeu a arte e a ciência da enfermagem.

Em 1853, eclodiu a Guerra da Crimeia. Foi o último evento sangrento de uma batalha longa e arrastada entre as grandes potências europeias pela influência sobre o decadente Império Otomano. A guerra ficou famosa pelas terríveis condições dos feridos e pela enorme incompetência logística. Uma tempestade violenta destruiu quase trinta navios. Remédios, alimentos e roupas foram parar no fundo do oceano. A cólera devastou as tropas e, na Grã-Bretanha, os habitantes estavam chocados. Foi a primeira guerra moderna, não apenas porque usou trincheiras e artilharia cega, mas também porque o telégrafo tornou possível enviar mensagens rapidamente por longas distâncias. Com isso, ela foi a primeira guerra monitorada pela mídia em tempo real. Os jornais relatavam o sofrimento em seus países e, como muitas outras, Florence Nightingale se sentiu compelida a fazer algo. Em 21 de outubro de 1854, ela viajou com 38 enfermeiras voluntárias para o Mar Negro. O hospital de campo ficava em uma montanha em Skutari, nos arredores de Istambul, e já antes de o navio chegar havia um artigo na imprensa britânica sobre a impressionante líder da expedição. Quem era essa senhora Nightingale? Havia mulheres nos serviços médicos militares – foi uma comoção.

Na enfermaria em Skutaria, na região asiática de Constantinopla, o pessoal trabalhava horas demais, o padrão de higiene era horrível, era um caos de infecções em massa, e as pessoas morriam no chão sujo. Com o próprio dinheiro e fundos coletados pelos leitores do *Times*, Florence começou a comprar o que era necessário. Alugou uma casa perto do hospital de campo e abriu uma lavanderia. Frutas e vegetais eram comprados nos mercados locais, e ela se certificava de que os soldados comessem frutas cítricas. Tinha percebido que uma dieta sem isso levava a doenças associadas à má nutrição. Antes disso, a comida consistia principalmente de carne crua distribuída em porções. Frequentemente estragada. Agora, ela tinha contratado um chef famoso de Londres.

Esse trabalho de higienização reduziu dramaticamente as taxas de mortalidade, e Nightingale mantinha estatísticas meticulosas dos sucessos. Diante da oposição constante de médicos militares, ela revolucionou a enfermagem. Quando voltou a Londres, era uma heroína nacional. Nada do escândalo social que sua família esperava. Ao contrário, Florence Nightingale se tornou uma lenda. Ela era retratada como uma bela dama em uniforme branco cuidando de enfermarias cheias de feridos. Eles a chamavam de "dama da lâmpada", e a mídia repetia esse epíteto com entusiasmo. Uma estrela-guia de bondade, brandura e dever durante as noites sombrias no hospital.

A imagem de Florence Nightingale ainda é a de um anjo quieto, tímido e discreto, desinteressado em dinheiro. Na realidade, ela era uma contumaz crítica social com grande interesse em economia. As estatísticas eram sua arma na luta por uma nova forma de pensar a enfermagem. Não tinha a ver com o altruísmo envergonhado e abnegado que lhe foi atribuído desde então.

Deus e a matéria não são inimigos, sugeriu Florence Nightingale. Só porque é o trabalho de Deus que está sendo feito, não quer dizer que as enfermeiras não devam ser pagas. O raciocínio de que não há contradição entre fazer boas ações e buscar a prosperidade aparece o tempo todo nos escritos dela. O dinheiro é um meio necessário para quem quer fazer o trabalho de Deus aqui na Terra.

Florence Nightingale lutou a vida toda por bons salários em enfermagem. Isso, preferimos esquecer. Estamos presos à ideia de que se deve fazer algo ou por dinheiro ou por empatia, e essa noção está intimamente ligada à nossa imagem dos sexos. Homens são motivados pelo interesse pessoal, e mulheres devem fazer o contexto todo se equilibrar.

Não somos encorajados a imaginar que ambas as forças motrizes podem ser encontradas em uma única pessoa, independentemente do sexo. Ainda que isso seja o mais próximo da verdade.

Assim como nosso ímpeto de buscar as crianças na escola no horário ou de deixar as autoridades colocarem uma instalação de lixo nuclear em nosso quintal é mais complexo do que apenas cálculos grosseiros e ganho econômico, nossa motivação para o trabalho de cuidar também. Não tem a ver com as mulheres terem nascido para se dedicar de corpo e alma ao serviço da humanidade ou a dar à sociedade um suave contrapeso ao duro mercado.

Nem Florence Nightingale, o próprio símbolo da cuidadora altruísta, era uma "Florence Nightingale". Mas o mito do cuidado como recurso natural inesgotável que podemos colher da natureza feminina é inabalável. Porque precisamos que seja.

Transformamos Florence Nightingale no que queremos que ela seja. Exatamente aquilo de que o homem precisa para sua sociedade se encaixar. A questão é se é uma estratégia sustentável a longo prazo.

Hoje, há falta de cuidadores no mundo. A época em que um grande grupo de mulheres não tinha oportunidade de trabalhar em qualquer outro setor passou. Pelo menos no Ocidente.

Cerca de 3.500 médicas filipinas receberam treinamento de enfermagem entre 2000 e 2003.[5] A maioria emigrou para os Estados

Unidos. Lá, uma enfermeira ganha de quatro a seis vezes mais que um médico nas Filipinas.

Em todo o continente africano, enfermeiras formadas emigram de seus países para a África do Sul. E de lá para o Canadá e do Canadá para os Estados Unidos. Países da África Subsaariana sofrem com 24 por cento das doenças do mundo, mas só têm 3 por cento da equipe de enfermagem mundial. Na República da Zâmbia, há 2,2 enfermeiras a cada 10 mil pessoas. É mais de quarenta vezes menos que nos Estados Unidos.

Nesse mercado, as pessoas vão aonde o dinheiro está.

As mulheres querem construir uma vida melhor para si, e muitos países sofrem com a falta de cuidadoras. Mesmo no Ocidente, nosso problema não está resolvido. Na Suécia, espera-se um déficit de 130 mil cuidadores qualificados até 2030.[6] No mesmo ano, os Estados Unidos sofrerão com uma carência de 400 mil a 800 mil enfermeiras qualificadas.

Embora os salários de enfermagem em países ocidentais ricos sejam altos em comparação com quanto se ganha em outras regiões do mundo, são baixos em comparação com o restante do mercado de trabalho. Portanto, fica difícil recrutar. O dinheiro parece ser importante.

Isso torna o trabalho de cuidar menos nobre? Menos relevante?

Para o homem econômico, não importa se algo tem a ver com dinheiro ou não. Ele continua sendo egoísta, seja em relação ao salário, seja se deve se matar ou que caminho deve pegar até o trabalho. Pessoas reais, por sua vez, carregam consigo seus impulsos complexos e suas motivações – até na relação com o dinheiro.

Pesquisadores estudaram o dinheiro vinculado ao desejo de fazer o bem. Cuidado, ética, lealdade e prazer em fazer bem um trabalho são coisas que praticamente desaparecem se alguém adicionar o dinheiro como motivação. Não é verdade que quanto mais motivos temos, mais dispostos estamos a desempenhar bem – como ficou

O LADO INVISÍVEL DA ECONOMIA

demonstrado com os horários de saída da creche de Israel ou o referendo suíço sobre o lixo nuclear.

Os estudos, porém, descobriram que, se o dinheiro for visto como reconhecimento pelo trabalho, nossas motivações se fortalecem. Aí, ele nos faz mais felizes e estimulados.

As pessoas querem se sentir reconhecidas e apoiadas em seus empregos, e o dinheiro é uma forma de demonstrar isso. Acima de tudo, todos precisam de dinheiro. Até as mulheres. Ninguém quer se sentir explorado. Além disso, só porque algo tem a ver com dinheiro, não quer dizer que seja egoísta.

Adam Smith queria conservar o amor em um pote. Na etiqueta, os economistas escreveram "mulheres". O conteúdo não podia se misturar com mais nada e tinha de ficar trancado. Essa "outra economia" era vista como algo inteiramente separado. Sem importância para o todo, na verdade não era economia alguma, mas um recurso natural inesgotável.

Depois, os economistas de Chicago concluíram que essa outra economia não apenas era irrelevante para explicar como se criava a prosperidade, como ela simplesmente não existia. Dava no mesmo administrar nossas famílias e nossos casamentos usando as regras do mercado. Nada mais existia.

Se realmente quiséssemos ter conservado o amor e o cuidado na sociedade, em vez de excluí-los, devíamos ter tentado apoiá-los com dinheiro e recursos. Devíamos ter organizado a economia em torno do que era importante para as pessoas. Mas fizemos o oposto. Redefinimos as pessoas para encaixá-las em nossa ideia de economia.

Capítulo 11

Em que entendemos que um número negativo continua sendo igual a zero

Em 1978, Deng Xiaoping começou a liberalizar a economia chinesa.[1] O comandante Mao tinha morrido dois anos antes e uma onda de prosperidade crescente varreu Japão, Taiwan, Hong Kong e Coreia do Sul. Princípios de mercado, não planejamento central. Os interesses da China tinham de ser protegidos.

O Partido Comunista declarou que o crescimento econômico era a "tarefa central" e, em duas décadas, a China passou de jardim murado para fenômeno capitalista. Nunca antes o mundo viu tanto crescimento. Da predominância do proletariado à dos economistas, que estavam em todo lugar: escrevendo planos de privatização, assumindo o controle das empresas que tinham acabado de privatizar, jogando os velhos maoístas para escanteio.

Deng Xiaoping encontrou resistência no partido. As reformas foram implementadas gradualmente. Não foi a terapia de choque ocorrida na Rússia. A China foi cautelosa, dando um passo de cada vez. Ninguém falava sobre o estágio final – mas era claro quem estava no comando. Os economistas se tornaram os novos sacerdotes da civilização chinesa – educados nas teorias econômicas ocidentais, mas leais ao projeto chinês. As ideias de economistas liberais vinham embaladas em citações de Karl Marx e do comandante Mao. Hoje, as obras em Xangai acontecem com tamanha rapidez que o mapa da cidade tem de ser redesenhado semana sim, semana não. Trezentos milhões de pessoas saíram da vida agrária para a modernidade em trinta anos, um processo que levou mais de dois séculos no Ocidente. A classe média está crescendo a uma velocidade recorde. O maior número de bilionárias independentes está na China. A fortuna de Cheung Yan, presidente de uma das maiores fábricas de papel da Ásia, vale mais que o dobro que a de Oprah Winfrey.

Enquanto isso, a chuva ácida cai sobre um terço do terreno chinês. Uma névoa cinza-amarronzada. Quatrocentas mil mortes prematuras estão relacionadas ao enxofre. Suicídio ambiental.

Os protestos na Praça da Paz Celestial, em 1989, foram principalmente uma demanda por democracia e liberdade de expressão. Também foram uma manifestação do descontentamento com as reformas liberais causadoras de desigualdade e inflação no ano anterior. Quando Deng Xiaoping, na manhã do dia 4 de junho, ordenou o massacre dos manifestantes, não apenas o grito pela democracia foi silenciado. Enquanto os tanques invadiam a praça, o debate público sobre igualdade morreu. Ao menos pelos quinze anos seguintes.

Os trabalhadores chineses têm ganhado cada vez menos em proporção ao PIB do país a cada ano desde 1983, e as condições de trabalho nas fábricas são terríveis. Quando catorze funcionários se mataram em um período de dezesseis meses na fábrica da iPhone Foxconn, os salários aumentaram 30 por cento.[2] Ao mesmo tempo, os operários tinham de assinar um contrato de que não cometeriam suicídio. Se o fizessem, as famílias receberiam a menor indenização possível.

Mas o suicídio não é o único problema. *Guolaosi* quer dizer "morte por excesso de trabalho" em mandarim.

É tão comum que há uma palavra para isso.

O LADO INVISÍVEL DA ECONOMIA

* * *

Meses após as primeiras reformas de Deng Xiaoping, Paul Volcker assumiu a presidência do Fed. Era julho de 1979 e a inflação nos Estados Unidos era tão alta que se tornou uma profecia autorrealizável. Todo mundo esperava que cada dólar valesse menos amanhã do que hoje. Em compensação, os salários e preços aumentaram, o que, por sua vez, fez o dólar valer cada vez menos, enquanto os salários e preços cresciam cada vez mais. Paul Volcker decidiu que a inflação devia ser combatida. A qualquer custo. Em poucos meses, ele reconfigurou a política monetária norte--americana. Quando Ronald Reagan se tornou presidente dos Estados Unidos dois anos depois, o desemprego estava em 8,4 por cento e a inflação ainda estava em dois dígitos. Reagan tentou, por um lado, estimular a economia com grandes cortes de impostos e altos gastos militares, ao mesmo tempo que pedia que o Fed freasse a economia com maiores taxas de juros e uma política monetária desenhada para aumentar o custo dos empréstimos.

Margaret Thatcher já era primeira-ministra na Grã-Bretanha. O movimento sindicalista seria contido, o governo encolheria, e a economia do antigo Império Britânico seria reiniciada. Thatcher e Reagan encontraram um ao outro.

Era uma nova era.

O neoliberalismo, uma doutrina política antes obscura, passou a ocupar o centro dos projetos da dupla. "Não existe sociedade", disse Thatcher.[3] Só existem indivíduos livres e suas famílias, não comunidade nem coletividade.

Em sua forma mais pura, o neoliberalismo quer reduzir o papel do Estado a imprimir dinheiro e a organizar o Exército, a polícia e o sistema de justiça. O papel da política seria manter um modelo marcante de privatização, mercados livres e livre comércio. Além disso, nada. Exceto nas áreas em que não há mercados: terra, água, cuidado, poluição, educação. Privatizar, rasgar e criar relações

133

KATRINE MARÇAL

parecidas com o mercado. Tudo deve poder ser comprado e vendido. Só então a sociedade humana funcionará. Nas teorias neoliberais, a política deve criar e manter a competição. Deixar a roda girar e fazer o bolo crescer.

Muitas vezes, havia mais nuances na retórica dos poetas do neoliberalismo, como o filósofo Friedrich Hayek ou o economista Milton Friedman, do que os políticos que seguiam seus passos, mas o pensamento básico era o mesmo: impostos mais baixos, governo menor e menos regulamentação no setor financeiro.

Se deixarmos o indivíduo em paz, tanto no mercado de trabalho quanto na bolsa de valores, a economia crescerá. O homem econômico trabalhará, abrirá empresas, fará negócios e maximizará seus ganhos. É da natureza dele fazer isso, então não devemos atrapalhar. Não devemos diminuir a motivação dele de vencer. Programas de bem-estar social grandes só destroem o mercado. A segurança é capaz de sedar as pessoas. Por que, então, elas deveriam trabalhar?

O homem econômico sempre faz o que é mais racional e, se ele ganhar dinheiro do Estado por estar desempregado ou doente, então ficará desempregado ou doente – porque isso o beneficia.

Os recursos do mundo são limitados, e isso leva à disciplina porque as pessoas são forçadas a competir para sobreviver. Soluções de mercado e grandes abismos sociais são, portanto, uma forma de manter tudo em ordem. Se as pessoas conseguirem o que precisam sem ser forçadas a competir, então não haverá uma razão para serem disciplinadas.

Portanto, é imoral dar coisas às pessoas de acordo com suas necessidades, em vez de incentivá-las a trabalhar para obtê-las. Seria um desserviço, pois ser menos do que é possível ser é um incentivo. Somos todos racionais e, se construirmos um sistema no qual o racional é ser preguiçoso, é isso que a sociedade será.

A conclusão dessa perspectiva é que sempre haverá vencedores e perdedores. Quem, dentro da sociedade, for bem disciplinado, vencerá e, portanto, merece ter sucesso. Ganhar dinheiro é um sinal de bom caráter. É por isso que tem sentido baixar impostos para quem ganha mais.

O LADO INVISÍVEL DA ECONOMIA

A falta de sucesso, por outro lado, é um sinal de falta de disciplina. Por isso está correto que os menos disciplinados sirvam aos mais disciplinados. Sempre haverá bastante trabalho para essas pessoas no imenso setor de serviços mal pagos. Deixemos que todos trabalhem o melhor que puderem e que o livre mercado ao mesmo tempo nos inspire e depure de acordo com a diligência e a prosperidade.

A retórica de Margaret Thatcher e Ronald Reagan, dessa forma, tratava de curar economias seriamente abaladas com princípios simples. Mas nem Thatcher nem Reagan tiveram êxito em conseguir que seus respectivos países desempenhassem conforme prometido durante os anos 1980. Após a depressão no início da década, as economias norte-americana e britânica começaram a crescer (o que em geral acontece com as economias quando uma depressão começa a passar), a inflação foi combatida e as taxas de juros caíram, mas o desemprego estava nas alturas. Tanto a Grã-Bretanha quanto os Estados Unidos viram abismos de crescimento e uma elevação muito lenta da produtividade durante esse período.

Ideias neoliberais podem ter dominado o debate durante os anos 1980, mas economicamente, a Alemanha Ocidental e o Japão eram as histórias de sucesso da década. Países que de fato tinham bancos centrais que lutavam contra a inflação, mas que não tinham engolido o pacote de reformas neoliberal.

A Alemanha Ocidental tinha altos salários e sindicatos fortes, e a economia japonesa se caracterizava por grandes investimentos estatais. Apesar disso, todos foram seduzidos pelo neoliberalismo. Ele era muito mais do que um programa econômico.

As teorias econômicas neoliberais chegaram ao cenário e prometeram acabar com a estagflação, o monstro de sete cabeças que apareceu na economia global no fim dos anos 1970. Inflação alta e desemprego alto. Dois problemas ao mesmo tempo. Isso, supostamente, era impossível.

Os economistas convencionais influenciados por John Maynard Keynes estavam convencidos de que, se o desemprego diminuísse, a inflação aumentaria. E vice-versa. Quando quase todos os trabalhadores estivessem empregados, eles teriam poder de negociação para aumentar os salários e, assim, os preços também cresceriam. Quando o desemprego aumentasse, deveria ocorrer o oposto. Uma coisa ou outra, simplesmente. A estagflação mostrou que não era tão simples e, quando se questionam velhas suposições, outras novas e não verificadas entram no jogo. Mas ninguém poderia ter imaginado a que ponto essas novas teorias não eram verificadas.

"Para ajudar as classes pobre e média", escreveu o autor norte-americano George Gilder, "é preciso cortar o imposto dos ricos". O livro dele, *Wealth and Poverty* [Riqueza e pobreza], foi publicado em 1981 e vendeu mais de 1 milhão de exemplares. Ronald Reagan o distribuiu com entusiasmo entre amigos e conselheiros. Compondo uma teoria moral da infalibilidade do capitalismo, as ideias apresentadas por Gilder eram irresistíveis: se os mais ricos conseguissem enriquecer ainda mais, isso serviria à economia como um todo.

Baixar o imposto dos ricos é a melhor coisa que podemos fazer pelos pobres: se os ricos tiverem mais dinheiro no bolso, vão abrir empresas, investir em novas tecnologias e, com isso, contribuir com o crescimento, afirmou Gilder. Haverá mais empregos, e as pessoas que antes estavam desempregadas vão começar a trabalhar nas empresas abertas pelos ricos. Elas vão ganhar um salário e pagar impostos sobre esse salário. Aí, até a receita do Estado vai aumentar.

O governo, então, recuperaria o dinheiro que tinha perdido abaixando os impostos. Um menos um já não é mais zero.

Era um feitiço, e bom demais para ser verdade. Até George Bush pai chamou essas teorias de "economia vodu".

O que, aliás, eram mesmo.

O LADO INVISÍVEL DA ECONOMIA

* * *

Em 1974, o economista Arthur Laffer, o repórter do *Wall Street Journal* Jude Wanniski e um certo Dick Cheney se encontraram em um quarto de hotel em Washington.[4] Conta-se que Cheney, o futuro vice-presidente norte-americano, no início teve dificuldade de entender a teoria que os outros estavam debatendo. Mas Arthur Laffer desenhou uma curva num guardanapo.

A premissa da curva era simples: se o Estado decidir que o imposto é zero por cento, então receberá zero dólar em arrecadação fiscal. Se o Estado decidir que o imposto é 100 por cento, então também receberá zero dólar em arrecadação fiscal. Não valerá mais a pena trabalhar. Portanto, ninguém trabalhará, e o Estado não receberá arrecadação alguma.

Porque ninguém está trabalhando.

Entre esses dois pontos, Laffer desenhou uma curva. Ela parecia representar que uma diminuição radical da tributação, contra qualquer lógica, poderia dar ao Estado mais – não menos – renda. Em algum ponto, os olhos de Cheney se arregalaram: é possível diminuir drasticamente os impostos sem criar um déficit nas finanças do Estado?

Jude Wanniski acabou escrevendo um livro com o simpático título *The Way The World Works* [Como o mundo funciona]. Junto com *Wealth and Poverty*, de George Gilder, foi o livro que espalhou a ideia de Laffer entre a elite do mundo ocidental.

Não havia limites para o que essa curva simples de Laffer conseguia explicar. Era tão simples, mas ao mesmo tempo toda a nossa existência parecia girar ao redor dela. Segundo Wanniski, até um bebê de colo entenderia as teorias básicas de Laffer.

Crianças que ainda nem andam, escreveu ele, aprendem "algo que os políticos e economistas costumam esquecer: que há sempre duas alíquotas de tributação que produzem a mesma renda".

A criança descobre que, se ficar quietinha no berço, sua mãe vai permanecer no quarto ao lado. A "alíquota" da mãe é zero, e a

KATRINE MARÇAL

"receita" do bebê em termos de atenção é zero. Ao contrário, se ele estiver sempre chorando e exigindo atenção, logo vai descobrir que a mãe vai parar de entrar no quarto para consolá-lo. A "alíquota" é, em outras palavras, 100 por cento e a "receita" é, novamente, zero.

Dessas fantasias sobre criação de filhos e a vida racional interior de um bebê é possível chegar a conclusões surpreendentes, de acordo com Wanniski. Mesmo se abaixarmos os impostos em 200 bilhões de dólares, os déficits orçamentários não explodirão. Mas, é claro, explodiram. Primeiro, em 100 bilhões. Depois, 200 bilhões.

David Stockman, diretor do Escritório de Administração e Orçamento, escreveu: "Em 1982, eu percebi que a Revolução Reagan era impossível".[5]

Em outras palavras, a teoria de Laffer não conseguiu negar o fato fundamental de que um menos um ainda é zero.

Não importa quanto Reagan quisesse diminuir os impostos dos ricos.

Aqueles anos, que não melhoraram a economia como um todo, foram o início de uma das maiores redistribuições da história mundial. De muitos para poucos.

O 0,1 por cento mais rico da população norte-americana triplicou sua porção da receita nacional entre 1978 e 1999.[6] Na Grã-Bretanha, o percentil mais rico dobrou sua parte durante o mesmo período: de 6,5 por cento em 1982 para 14 por cento em 2005. E, na Rússia, depois da terapia de choque neoliberal, uma elite super-rica rapidamente se destacou do resto da sociedade. Hoje, Moscou tem mais bilionários que qualquer outra cidade no mundo.

Em 1970, um CEO nos Estados Unidos ganhava trinta vezes mais que um trabalhador comum. Na virada do milênio, esse número tinha chegado a quinhentas vezes. Em sua época, o famoso financista J. P. Morgan pensava que o líder médio de uma empresa norte-americana não precisava ganhar vinte vezes mais do que ganhava um empregado. Em 2007, esse valor tinha chegado a 364 vezes. E os padrões norte-americanos pressionaram os salários de CEOs em todo o mundo ocidental. No Reino Unido, o pagamento de executivos triplicou entre 2002 e 2012. A proporção da remuneração total de presidentes das empresas do índice FTSE 100 subiu de 45 vezes o salário de um funcionário médio em 1998 para 120 vezes em 2010.[7]

Hoje, os indivíduos que têm mais de 1 bilhão de dólares, pouco mais de mil pessoas no mundo, têm uma fortuna total maior que a dos 2,5 bilhões mais pobres. Nos Estados Unidos, o 1 por cento mais rico recebeu uma parte maior do aumento de receita total entre 1979 e 2007 do que os 90 por cento mais pobres.

Raramente tão poucos receberam tanto.

O fato de os que ganham mais terem se destacado tão rapidamente tem muito a ver com a globalização. J. K. Rowling, autora da série de livros *Harry Potter*, ganha uma soma enorme, maior que a recebida por Charles Dickens em sua época, porque o mercado editorial é global.[8] Mas esse mecanismo não explica os abismos no desenvolvimento em todos os setores.

Segundo a ONU, o mundo em 2005 era menos igualitário que dez anos antes, apesar do progresso econômico em muitas regiões.[9] Os países mais ricos agora são em média mais de cem vezes mais ricos que os mais pobres. Cem anos atrás, essa proporção era de nove para um.[10]

Os super-ricos do mundo estão ficando cada vez mais poderosos e, entre eles, ainda há pouquíssimas mulheres. Numa época em que elas têm cada vez mais posições importantes nas empresas, é notável que apenas quinze mulheres líderes de companhias estejam na lista Fortune 500. A Sunday Times Rich List, uma listagem anual das mil pessoas mais ricas da Grã-Bretanha, tinha apenas 7 por cento de mulheres em 2007. Em 2011, o número tinha subido para 11 por cento. Em um *ranking* alemão similar de plutocratas com vários milhões de euros, apenas uma em seis era mulher.[11] A maior parte das super-ricas do mundo herdaram a riqueza, não a criaram. Há apenas catorze bilionárias que construíram a própria fortuna e, incluindo-as, as mulheres ainda são apenas 9 por cento das pessoas com mais de 1 bilhão de dólares no mundo.[12] Esse padrão de riqueza feminina ser sinônimo de riqueza herdada é tão predominante que Lena Edlund e Wojciech Kopczuk, da Universidade Columbia, conseguiram mostrar que quanto mais a riqueza está nas mãos das mulheres, mais estagnada é a economia.[13]

Isso não quer dizer que mulheres ricas desaceleram o crescimento. Só quer dizer que, quando o crescimento está lento, a principal forma de enriquecimento é herdar dinheiro.

Herdar dinheiro é o que as mulheres fazem. Como filhas, esposas e viúvas.

Nos anos 1980, surgiu algo chamado "empreendedorismo de papéis".[14] Em sincronia com a desregulação do setor financeiro, muitas pessoas entre as mais talentosas do mundo ocidental começaram a se dedicar a encontrar novas formas de fazer comércio com papéis – embora nossa necessidade de inovação na sociedade não estivesse concentrada nesse setor.

Ainda assim, era lá que estava o dinheiro.

Em 2008, 41 por cento dos formandos da Harvard Business School foram trabalhar com fundos de cobertura, bancos de investimento e empresas de capital de risco.[15] Era um novo recorde. No mesmo outono, o Lehman Brothers pediu concordata, e a crise financeira se tornou realidade. O valor de 50 bilhões de dólares foi destruído em dezoito meses, e 53 bilhões de pessoas caíram na pobreza.

A fim de que a especulação no mercado financeiro saia do controle de maneira tão insensata a ponto de derrubar a economia inteira, é preciso haver pessoas com tanto dinheiro que sejam imunes ao risco. Quando todo o dinheiro se acumula no topo da sociedade, as pessoas investem a fortuna em ativos que parecem ter mais probabilidade de atrair outros grandes investidores. Isso leva os preços de certas ações ou propriedades a crescer sem parar. Esse tipo de bolha especulativa sempre estoura, mais cedo ou mais tarde. A desigualdade extrema e a

O LADO INVISÍVEL DA ECONOMIA

crise financeira em geral coincidem. Mas, em geral, a elite que a causa sai ilesa. E em geral é composta por homens. A cada crise que gerou, o setor financeiro ganhou mais dinheiro. Durante a era que precedeu a crise dos anos 1930, a divisão de riqueza nos Estados Unidos era quase idêntica à de antes da crise financeira de 2008.[16] Um por cento ganhava 24 por cento da renda total dos Estados Unidos. Tanto em 1928 quanto 2008. Quando o dinheiro vai para cima, o poder político também vai.

Os ricos e poderosos podem, é claro, impactar o formato e a aplicação das regras da economia global mais que qualquer outro grupo. Isso também vale para as regras que devem restringi-los.

"Deus está com todos... e, no longo prazo, ele apoia quem tem mais dinheiro e os maiores exércitos", escreveu o dramaturgo francês Jean Anouilh.[17]

O homem econômico é o herói deste mundo. Ele é ao mesmo tempo sua aspiração e sua legitimação. Ele é a própria história que dá sentido a si mesmo e prega sua mensagem: se os ricos ficarem mais ricos, isso ajudará a todos nós. Deus nos ajude.

O homem econômico é aquele que nos diz que nada diferente é possível e, enquanto permanecermos tentando ser como ele, nada diferente será possível.

CAPÍTULO 12

EM QUE TODOS NOS TORNAMOS EMPREENDEDORES

O prédio mais alto do mundo fica em Dubai.[1] O país é um dos sete emirados autogovernados que compõem os Emirados Árabes Unidos. Crescimento recorde, nada de democracia, nada de partidos políticos, nada de imposto de renda e nada de sindicatos. Um parque de diversões neoliberal no meio do deserto. A sociedade foi chamada de clube praiano de Milton Friedman, em alusão ao renomado economista conservador. Por muitos anos, Dubai teve a maior taxa de crescimento do mundo e foi considerada uma utopia da liberdade. Quase nada tinha regulamentação, e a economia ganhou impulso. A certo ponto, estimou-se que 15 por cento de todos os guindastes de construção do mundo estavam no pequeno emirado. O período de feriado bancário não oficial do país é um festival anual de compras que atrai todo mundo, desde a família do jogador David Beckham a chefões das drogas afegãos. Mas em torno da cidade há campos onde vivem os trabalhadores-hóspedes. São seis a doze pessoas em cada quarto, muitas vezes sem cozinha nem banheiro.

Eles constroem a cidade, mas são invisíveis aos moradores. Tão invisíveis quanto as milhares de prostitutas russas, indianas, iranianas e armênias cujos corpos são vendidos pela máfia em hotéis de luxo. Tudo para atrair investidores estrangeiros. A liberdade pela qual Dubai é famosa significa, principalmente, a liberdade de os homens comprarem o corpo de mulheres. A política existe para dar ao mercado o que ele quer. Mão de obra barata, espaço para diversão, sexo, entretenimento e subsídios. O príncipe herdeiro de Dubai já foi chamado de CEO da Dubai Ltda. Ele governa o emirado como uma empresa a serviço de indústrias privadas. O sonho de uma utopia neoliberal provavelmente nunca foi tão longe.

Um mundo de luxo construído lá longe na areia para poder negar a desigualdade e a devastação ambiental que ele mesmo produz.

Segundo a feminista norte-americana Wendy Brown, a ideologia neoliberal na verdade não concebe realmente o mercado como algo "natural"; em vez disso, o neoliberalismo tenta fabricar a realidade que ele insiste já existir.[2]

Por um lado, supõe-se que as pessoas são, em primeiro lugar, competitivas. Por outro, os incentivos para os indivíduos competirem devem ser aumentados continuamente usando meios políticos: desregulamentação, diminuição de impostos e liquidações.

Por um lado, supõe-se que todo mundo em todo lugar tem interesse em ficar rico. Por outro, os impostos têm de ser baixados para que valha a pena ser rico.

A competição, dizem, é a base de todas as relações sociais, mas ao mesmo tempo são precisamente essas relações competitivas que precisam ser encorajadas e criadas por meio da política. Não é um estado natural das coisas, mas algo que deve ser construído e mantido. Os neoliberais não querem acabar com a política, só querem uma política diferente, e é isso que o príncipe herdeiro de Dubai entendeu.

O LADO INVISÍVEL DA ECONOMIA

O homem econômico precisa de alguma ajuda para continuar, então o neoliberalismo desenvolve instituições, incentivos e métodos para apoiar a visão de um indivíduo completamente racional e focado em competir. O propósito é incitar a tomada de decisão voltada ao mercado em todas as frentes. As pessoas não estão focadas em ganho e competição em todos os aspectos da vida. A tarefa do neoliberalismo, porém, é espalhar e institucionalizar esse tipo de desejo. Por meio da privatização e do controle de tudo – de educação a política ambiental, enfermagem e cuidados –, empregando os mesmos princípios de mercado usados com tomates: é assim que vamos criar esse tipo de mundo, onde apenas um tipo de lógica é permitido. Usando meios políticos, deve-se criar mercados onde antes não havia mercados, e depois usar todos os meios políticos disponíveis para mantê-los.

O neoliberalismo está longe de ser a mesma coisa que o *laissez-faire*, a escola econômica segundo a qual, se deixarmos as coisas correrem por si, a economia florescerá.

A economia *laissez-faire* contemporânea é a incorporação mais extrema da ideia expressa por Adam Smith na metáfora da mão invisível. O próprio Smith não defendia esse tipo de política – mas há quem interprete as ideias dele dessa forma. Elas não devem, porém, ser confundidas com ideias neoliberais.

O neoliberalismo não quer acabar com a política – ele quer a política a serviço do mercado. Os neoliberais não acham que a economia deve ser deixada em paz, mas defendem que a economia seja guiada, sustentada e protegida pela difusão das normas sociais que favorecem a competição e o comportamento racional.

A teoria econômica neoliberal não se estrutura com base em manter a mão dos políticos longe do mercado, mas em manter a mão dos políticos ocupadas em satisfazer as necessidades do mercado.

Não é verdade que o neoliberalismo não queira adotar políticas monetárias, fiscais, familiares ou criminais. Na verdade, as políticas monetárias, fiscais, familiares e criminais devem todas ser usadas para garantir as necessidades do mercado.

O filósofo francês Michel Foucault pensava que o liberalismo e o neoliberalismo se distinguiam um do outro pelo modo como percebiam a atividade econômica.[3] O liberalismo clássico era focado na troca: Adam Smith escrevia sobre como as pessoas compravam e comercializavam. A ideia de que a pessoa dá para receber algo em troca era vista como a pedra de toque de nossa sociedade. O que ela deu e o que recebeu? Foi justo? Foi feito corretamente? A existência era vista como soma e consequência de uma série de trocas, transações e contratos. O liberalismo pegou a lógica de troca do mercado e decidiu ver o mundo através dessas lentes. A política era vista como uma série de contratos: cidadãos trocavam certas liberdades pela garantia de segurança provida pelo Estado. O que você deu e o que recebeu? Foi justo? Foi feito corretamente? Outras relações também eram interpretadas segundo essa lógica. O neoliberalismo, porém, não dá ênfase à troca, mas concentra-se na competição. A competição é a ideia essencial segundo a qual o mundo é interpretado.

Se as pessoas não competirem, elas não podem funcionar. Mais que uma ideia específica sobre o papel do Estado ou da política monetária, trata-se da fundação da ideologia neoliberal, segundo Foucault. E enquanto liberais e Adam Smith viam a troca como algo natural, os neoliberais veem a competição como uma relação que tem de ser construída.

A competição é a parte mais fundamental da sociedade, mas, ao mesmo tempo, é uma relação artificial. Tem de ser protegida, tanto da tendência do mercado de criar monopólios, quanto dos dedos enxeridos dos políticos. Ela pressupõe intervenção constante do Estado, não no mercado em si, mas nas condições do mercado. Isto é, nas pessoas. Pois nossa existência é a condição fundamental

O LADO INVISÍVEL DA ECONOMIA

do mercado. "A economia é o método; o objetivo é mudar o coração e a mente", disse Margaret Thatcher.[4]

O liberalismo clássico diferencia as pessoas cidadãs das pessoas sujeitos econômicos. Isso não ocorre no neoliberalismo. Há apenas uma relação, e ela é econômica. Em outras palavras, não há motivo para diferenciar o cidadão do trabalhador do consumidor. São a mesma pessoa. O homem econômico. Prazer em conhecê-lo. Mais que um programa político, o neoliberalismo é uma nova interpretação do que significa ser uma pessoa.

Para Karl Marx, o desenvolvimento do capital era um processo por meio do qual o conhecimento, a habilidade e a humanidade dos trabalhadores se mecanizavam pouco a pouco.[5] Pela manhã, o trabalhador ia a uma fábrica que não era dele para fabricar produtos sobre os quais ele não tinha poder de decisão que outra pessoa compraria para o dono da fábrica ganhar mais dinheiro.

O trabalhador produzia coisas para os outros, para outras pessoas comprarem, com a ajuda do próprio corpo. Ele – pois era sempre um homem – se transformava pouco a pouco em uma engrenagem, parte de algo que não era seu. Algo intercambiável e menos humano.

Algo que só tem suas correntes a perder.

Karl Marx conta a história com três personagens. O Trabalhador é a mão de obra, a Máquina sobre a qual ele se debruça é o capital fixo e o Dinheiro, que o trabalho dele gera, é o capital fluido. O conflito entre trabalho e capital é a intriga em torno da qual tudo gira e que (literalmente) impulsiona a história para a frente. Esses são os personagens clássicos da economia, não importa se alguém queira contar histórias marxistas com eles ou prefira outras narrativas.

No fim dos anos 1950, economistas americanos achavam ter descoberto algo novo. Mas na verdade era algo que os economistas tinham inventado havia muito tempo, porém esquecido. Em

147

A riqueza das nações, Adam Smith menciona um conceito que chama de "capital humano". A educação, as habilidades, os talentos e as competências de alguém podem, segundo Smith, ser vistos como uma forma de capital. Investir, como dono de fábrica, nas habilidades e no conhecimento de seus funcionários pode ter o mesmo efeito de investir em uma nova máquina.

Você envia seus empregados para um curso que ensina uma nova tecnologia e, imediatamente, eles conseguem produzir o dobro. É um investimento. O curso custa dinheiro e, além disso, custa a interrupção da produção por uma tarde toda, mas no fim você consegue recuperar tudo e até lucrar. As habilidades das pessoas podem, em outras palavras, ser vistas como uma forma de capital. É possível fazer investimentos mais ou menos bem-sucedidos nelas, e elas podem crescer.

Os economistas de Chicago encontraram o termo "capital humano" em Smith e o incluíram em suas teorias.[6] Como o termo mudou a economia do mercado de trabalho moderno e se ele é bom ou ruim é outra conversa. O que Foucault quis dizer foi que quando o termo "capital humano" é usado amplamente, como fizeram os neoliberais, ele muda algo na visão econômica das pessoas.

Esse "algo" tem um significado que ultrapassa a ciência econômica.

"Pode parecer estranho hoje, mas hesitei um pouco antes de decidir intitular meu livro *Capital humano*", disse o economista de Chicago Gary Becker em seu discurso no Prêmio Nobel em 1992.[7] Hoje, o livro é considerado um clássico. "No início, muitas pessoas estavam criticando esse termo e a análise subjacente, porque acreditavam que era tratar pessoas como escravos ou máquinas. Ora, ora, como as coisas mudaram!"

De fato, mudaram. Com o termo "capital humano", cada um de nós foi transformado em um empreendedor vendendo a si mesmo. Hoje, praticamente aceitamos esse conceito como natural.

Se você se educa, está investindo em si e pode, portanto, esperar maior retorno no futuro. Se escolhe emigrar para outro país, isso

O LADO INVISÍVEL DA ECONOMIA

também é um investimento em seu capital humano. Um cálculo racional de retornos futuros. Se sai da escola, está deixando de investir. Portanto, o retorno será menor. O salário que você ganha não é mais um salário, mas um retorno sobre o capital. Sua vida é sua pequena empresa e o capital, nesse caso, é você.

Foucault pensou que, com o conceito de capital humano, o homem econômico deixava de ser uma pessoa que compra e vende em um mercado e se tornava um empreendedor de si mesmo. Tornava-se, diziam os críticos, uma máquina. Não há trabalhadores na história neoliberal. Há apenas gente que investe em seu capital humano. Empreendedores cuja própria vida é um projeto de negócio e que têm total e completa responsabilidade pelo resultado. Se for bem-sucedido, você investiu bem; se fracassar, investiu mal.

Sendo assim, a economia é diferente de uma forma de lógica entre muitas. Virou uma forma de vida. Uma pessoa anda por aí, toma decisões, vive sua vida, estuda ou deixa de estudar, e os efeitos disso são acumulados em seu capital humano.

O homem econômico não é mais alguém que troca coisas com os outros, como Adam Smith imaginava os seres humanos. O homem econômico é um aparato que investe em si mesmo. Roubar um banco, abandonar a faculdade de medicina, clarear os dentes – tudo é uma escolha, feita como qualquer outra decisão de negócios, calculando futuras perdas e ganhos. Investimentos mais ou menos bem-sucedidos em si mesmo. O sistema econômico vira sinônimo da natureza humana, e não dá para questionar sua essência mais profunda.

O conflito de que falou Marx se dissolve, mas não como ele imaginou.[8] Não foram os meios de produção que mudaram – na verdade, foi o significado do que é ser humano que mudou.

* * *

149

O neoliberalismo resolve conflitos entre trabalho e capital simplesmente transformando uma pessoa em capital – e a vida dela em uma série de investimentos feitos em seu valor de mercado. Teólogos cristãos sugeriram que é possível alimentar uma congregação inteira com uma casca de pão e um peixe. Acreditamos que você é capaz de se alimentar. Acreditamos em você. Pode ser um mundo duro, mas ele respira por você. Não há alternativa. E o universo se ajoelha. É um ponto de vista que nos transforma todos em iguais. A mulher na fila da agência de empregos e o homem que espera por seus documentos falsificados no aeroporto de Dhaka. Cada um deles é igualmente um empreendedor de si mesmo. Igual o CEO que estica as pernas na poltrona da classe executiva a fim de dormir um pouco no voo de oito horas antes da próxima reunião. Não há diferença entre eles, são só investimentos melhores ou piores no capital que é você e na quantidade de capital inicial com que você nasceu. Mas o que mais pode ser aplicado ao crescimento? Minha plástica nos seios foi um investimento, diz tranquilamente a atriz de novelas. Descasque as camadas e tudo é economia. Sua vida traduzida em uma série de investimentos feitos em seu próprio valor.

Se levarmos esse ponto de vista a sério – e não há ponto de vista levado mais a sério –, teremos fundamentalmente mudado o que significa ser humano.

Capítulo 13

Em que percebemos que o útero não é uma cápsula espacial

Em 1965, o fotógrafo sueco Lennart Nilsson publicou suas pioneiras fotos de fetos, primeiro na revista *Life* e depois no livro *A Child Is Born* [Nasce uma criança].

Nilsson experimentava com microscópios eletrônicos desde 1953, e o projeto do livro tinha lhe tomado quase doze anos. A edição de 30 de abril de 1965 da revista *Life* surpreendeu o mundo e vendeu 8 milhões de cópias só nos primeiros quatro dias. Encolhido, com uma cabeça grande e braços com aparência de barbatanas, o feto flutua livremente dentro de um balão de água. É assim que nos acostumamos a imaginar o início de nossa existência. O bebê flutua, como um astronauta independente, apenas com um cordão umbilical ligando-o ao mundo. A mãe não existe. Ela se tornou um vazio – o pequeno herói espacial já autônomo voa só.[1] O útero é apenas um cômodo.

Mas ninguém consegue se separar do lugar onde o olhar teve origem. Dizem que a lente da câmera é objetiva. Mas as fotografias de Lennart Nilsson são uma representação – não uma descrição precisa do mundo. O que vemos na ampliação extrema e no corte dramático das fotos não é a realidade. A existência na barriga não é um flutuar livre e desolado. Não há nada mais distante da realidade. O feto cresce da mãe, na mãe e em constante contato com a mãe. É apertado, pulsante, vibrante, e não dá para saber bem onde a mãe termina e o feto começa. Nas fotos de Lennart Nilson, essa dependência não é visível. O feto está sozinho. A mãe foi erradicada. As imagens não mostram relação alguma entre mãe e bebê: nascemos como indivíduos completos e autossuficientes.

A imagem da vida, como registrada por Lennart Nilson, entrou em nosso imaginário coletivo e ali ficou. Ela nos pareceu bastante atraente. A questão é por quê.

Aprendemos que nossas sociedades são construídas com base em contratos racionais e nossas economias, em mercados livres. Que produtores e consumidores, empregados e empregadores – tudo – são uma única consciência em formas diferentes. Expressões diferentes de um único raciocínio. O mundo é a soma impessoal das livres escolhas individuais.

Na verdade, a sociedade é mais parecida com uma guerra. É exploradora, racista e patriarcal. A realidade econômica tem mais a ver com a lei da "sobrevivência do mais forte": os ricos ficam mais ricos e o resto de nós corre atrás deles. Em algum nível, sabemos disso. Mas continuamos fantasiando.

Há séculos engolimos histórias sobre como a sociedade surgiu porque os seres humanos tomaram a decisão racional de se unir. Depois de estabelecer que nos beneficiaríamos de uma estrutura colaborativa, começamos a depender uns dos outros. Nem mais, nem menos.

Esse mito da criação é contado com inúmeras variações e, como a maioria dos outros mitos, é um jogo psicológico. É difícil imaginar que realmente tenha acontecido dessa forma. Que estávamos curvados em nossas cavernas. Escuridão, frio, outras figuras agachadas em outras cavernas, impossível determinar quem era amigo, inimigo, humano ou mamute. De repente, uma pessoa se levanta e exclama:

– Ei, ouçam! Por que não unimos forças e nos ajudamos? Podemos trocar coisas uns com os outros, e todo mundo se beneficiará!

Improvável.

Mas essa é nossa fantasia de autossuficiência. E ela é sedutora.

As famosas fotos de Lennart Nilsson são variações do mesmo tema. Na capa da revista *Life*, uma pessoinha flutua solitária em algo que parece uma cápsula espacial transparente. É uma existência uterina completamente independente do próprio útero. O feto é um indivíduo livre, e o corpo da mulher não existe. A mãe é um espaço que o feto está alugando. Esperma entra, bebê sai. A gravidez é uma mulher em uma cadeira de balanço ao lado de uma janela durante nove meses. Essa é sua mãe. Ela é um depósito passivo. Você estava dentro dela, mas era independente desde o início. Mestre do espaço vazio em que flutuava.

O feto nas imagens de Lennart Nilsson chupa o dedão e fita a escuridão por trás de olhos fechados. Ao seu redor, tudo é negro e a placenta é uma estação espacial voando livre a distância. É um mito de criação sobre indivíduos livres adequado para a época. As fotos foram publicadas em 1965. Lyndon B. Johnson é o presidente, e os Estados Unidos aumentaram sua presença no Vietnã. Em Londres, Winston Churchill morreu e um "porra" é pronunciado pela primeira vez na televisão britânica. Na terra natal de Nilsson, a loja Ikea abre seu segundo depósito, e os Rolling Stones fazem seu primeiro show no país, no Kungliga Tennishallen de Estocolmo.

Na maioria das fotos, Lennart Nilson está na verdade mostrando embriões mortos. Isso permitiu que ele brincasse com luz, fundo e

KATRINE MARÇAL

composição. Eram fotografias fantásticas. Mas o que deveria representar a vida na verdade era sua ausência.

Há mais de trinta anos sabemos que as suposições sobre as pessoas nos modelos econômicos padrão não estão corretas. O homem econômico não existe – pelo menos não na vida real. Mas ainda nos apegamos a ele. Independentemente de quanto é criticado, ele ainda é sinônimo de economia, e permitimos que ele ocupe cada vez mais espaço em nossa vida. Não importa o que dizem as pesquisas. Não importa o fato de frequentemente os modelos econômicos que construímos contribuírem para derrubar a economia global. Não importa que, mais uma vez, eles não consigam prever uma bolha no mercado, seus ataques de pânico e caprichos. Continuamos apegados a ele. Arrebanhamos pedaços de um universo imaginado, juntamos em modelos e dizemos que é uma imagem bastante precisa do mundo.

Já comprovaram várias vezes que as suposições relativas ao homem econômico estavam erradas. Mas embora Kahneman e Tversky tenham demonstrado há mais de trinta anos que nossas decisões não são nem objetivas nem racionais, nada mudou muito. Sabermos que o homem econômico não existe de verdade não nos impede de colocá-lo no centro da ciência econômica e aplicar sua lógica a porções cada vez maiores da nossa vida. Em 2004, o fenômeno internacional *Freakonomics* declarou que todas as facetas de nossa existência obedeciam aos princípios do mercado. No fim dos anos 1970, o filósofo de esquerda Michel Foucault nem poderia imaginar que até os neoliberais mais ferrenhos fossem levar suas teorias tão longe. Mas aí está: um *best-seller* em todas as livrarias.

Sempre houve economistas que se pronunciavam de maneira crítica e meticulosa sobre o homem econômico. Apesar disso, ele ainda é sinônimo de economia. É a ele que nos referimos quando falamos de "lógica econômica" em nosso dia a dia, e as escolas críticas que emergiram em oposição a ele são tratadas, na melhor das hipóteses, como complementares. É o homem econômico que ocupa o centro, e é com ele que todos devem se identificar.

A economia comportamental, escola que teve grande impacto nos últimos anos,[2] se esforçou muito para mostrar que as pessoas nem sempre se importam com os próprios lucros, que a justiça é importante e que as preferências podem mudar com o tempo. A economia comportamental mostrou que as pessoas nem sempre lidam corretamente com as informações e que nem sempre tomam decisões conforme as preferências. Tudo isso é muito importante, e um grande avanço em relação às teorias que provam a existência do homem econômico. Ao mesmo tempo, o homem econômico é o ponto de partida da economia comportamental. Por meio de experimentos e estudos, economistas dessa escola tentam documentar exceções à regra, mas o indivíduo solitário ainda é o ideal e a premissa. A economia comportamental argumenta que, como é obviamente difícil agir de maneira racional, precisamos receber ajuda. Precisamos de apoio e precisamos ser empurrados na direção certa. Simplesmente não somos agentes econômicos perfeitos. O papel do Estado é, portanto, criar melhores incentivos e, com sua ajuda, encorajar-nos a agir de forma mais alinhada com nossas preferências.

Politicamente, isso costuma resultar em medidas focadas em convencer as pessoas a usar menos eletricidade, por exemplo, dando a elas melhores informações, o que facilita a tomada de decisões racionais. Isso não é feito com aumento do imposto sobre carbono ou com investimento do Estado em tecnologias verdes e cidades eficientes. Analogamente, a obesidade seria combatida, não resolvendo de fato os problemas na indústria de alimentos, mas tornando mais fácil encontrar informações sobre a quantidade de açúcar em vários produtos.

É claro, não é culpa dos economistas comportamentais que a análise deles seja usada em atalhos de políticos que querem evitar decisões difíceis. As teorias certamente são um passo na direção certa. Mas não mudam o fato de que a economia ainda é uma ciência da escolha – não uma ciência sobre como a sociedade vai sobreviver, se manter e evoluir. Não se encontra, na economia comportamental, uma visão geral da sociedade e de como as pessoas são criadas e formadas em relação umas às outras. A economia continua sendo o estudo do indivíduo. Ela afirma que a dependência não é uma faceta natural do ser humano, e as relações de poder não são economicamente relevantes.

O homem econômico, em outras palavras, não cedeu.

"Somos todos humanos", costumamos dizer quando queremos apontar uma característica em comum. Algo que nos une para além de classe, gênero, raça, idade, história e experiência. Como se a humanidade se desse fora de classe, gênero, raça, idade, histórico e experiência – e não *por meio* de classe, gênero, raça, idade, histórico e experiência. Em vez disso, vemos circunstâncias, o corpo e o contexto como camadas que têm de ser descascadas. Elas embaçam a visão. Se quisermos discutir como as coisas realmente são, devemos abstrair como as coisas realmente são.

Mas somos humanos precisamente por causa de um gênero, um corpo, uma posição social, nosso histórico e nossas experiências. Não há outra forma.

Supomos, porém, que isso seja precisamente o que devemos negar. Que devemos encontrar uma consciência racional comum a todos nós.

"As mulheres também são indivíduos", dizemos. Ser um indivíduo virou sinônimo de ser humano, e o indivíduo é a partícula elementar da economia.

O homem econômico, porém, é uma ideia muito específica do que significa ser humano. A economia virou "a ciência do indivíduo" e a palavra "indivíduo" significa, precisamente, indivisível.[3] A menor parte em que o todo pode ser dividido. Como o átomo na física de Newton. Entendendo o indivíduo, entende-se tudo. Indivíduo, porém, não é o mesmo que pessoa. A característica mais distinta de metade da humanidade é precisamente ser divisível. Toda mulher pode parir. Nem toda mulher quer parir. Mas o que diferencia o corpo feminino do corpo masculino é que ele pode engravidar e parir. O que era uma pessoa pode se dividir e se tornar duas. É assim que todo mundo passou a existir. Nascemos uns dos outros. E vivemos uns dos outros, uns nos outros e uns pelos outros. Não começamos a vida em um estado de independência e depois enfrentamos o desafio de criar algum tipo de laço com os outros. Mas quando precisamos argumentar a favor da importância de uma sociedade, quase sempre partimos de um indivíduo autônomo e depois enumeramos as razões pelas quais ele deve criar dependências e relações.

– Será mais fácil produzir alimentos.

– Será mais fácil nos defender de animais selvagens.

– Ele será mais feliz.

– Ele pode conseguir ajuda quando estiver doente.

– Ele viverá mais.

São muitas as vantagens de ter outras pessoas ao redor. Como se tivéssemos alguma escolha...

O processo, na verdade, é o oposto. Nascemos das demandas e expectativas dos outros. Ser criança é ser quase completamente dependente dos outros. Nunca conhecemos outra coisa. Totalmente à mercê de suas esperanças, demandas, amor, neuroses, traumas, decepções e vidas não realizadas. Cuidar de uma criança é, de certa forma, estar constantemente atendendo às necessidades alheias e, com essa intimidade, a criança deve aprender, passo a passo, a se tornar mais independente. Como destacou a teórica feminista Virginia Held: o estado humano natural é estar envolto em nossa dependência dos outros.[4] O desafio é se libertar disso e encontrar a própria identidade. Desbravar mais espaço para si. A partir do contexto dos outros, das relações e do mundo que elas criam, saímos para encontrar o que somos.

Quem cuida de uma criança deve ser, em si, capaz de apoiar uma identidade independente. Não ser engolido pelo engajamento constante nem cair na tentação de só ver valor no fato de ser tão necessário a outra pessoa. Conseguir fazer isso e manter relações de dependência mútua saudáveis é o desafio que molda a maioria das vidas e das sociedades. Todo dia, toda hora. Boa parte das feridas mentais e emocionais que caracterizam a nossa vida são criadas aqui. Não é de se estranhar que sejamos atraídos por fantasias de que as coisas sejam diferentes.

Fantasias de estarmos sozinhos. Flutuando em um espaço vazio, tendo apenas o cordão umbilical a nos conectar com os arredores.

Que o homem econômico não corresponda à realidade é uma coisa. Sabemos disso há anos. O interessante é que queremos muito que ele se alinhe à realidade.[5]

Aparentemente, queremos ser como ele. Queremos sua autossuficiência, sua razão e o universo previsível que ele habita. Acima de tudo, estamos dispostos a pagar um alto preço por isso.

O que realmente ganhamos ao defendê-lo com tanto vigor das coisas como elas são de fato?

CAPÍTULO 14

EM QUE DESCOBRIMOS AS PROFUNDEZAS E OS MEDOS INESPERADOS DO HOMEM ECONÔMICO

Nos anos 1500 e 1600, a relação entre homem e natureza mudou no Ocidente.[1] Passou de uma visão de mundo em que as pessoas eram tidas como incrustadas em um cosmo frequentemente feminino, vivo e errático a uma na qual os homens eram vistos como observadores e conquistadores da natureza, liberais e objetivos. A natureza antes vista como viva, em movimento e orgânica (muitas vezes de forma assustadora) passou a ser passiva, morta e, por fim, mecânica. O homem era livre do todo: ele se tornou um indivíduo independente com a tarefa de conquistar o mundo. A mulher era construída como o outro: ela deveria amarrá-lo a tudo o que ele não levava consigo.

Dependência, natureza, corpo, vida.

Ele é razão. Ela é emoção. Ele é mente. Ela é corpo. Ele é independente. Ela é dependente. Ele é ativo. Ela é passiva. Ele é egoísta. Ela é altruísta. Ele é duro. Ela é terna. Ele é calculista. Ela é imprevisível. Ele é racional. Ela é irracional. Ele é isolado. Ela é amarrada a tudo. Ele é científico. Ela é mágica.

Os homens nos ensinam que há coisas pelas quais vale a pena morrer. As mulheres nos ensinam que há coisas pelas quais vale a pena viver. Esses são os papéis que desempenhamos. Essa é a dança. E seria excelente se fosse só isso – uma dança. Na verdade, não importa tanto o que homens e mulheres fazem de fato; agimos de acordo com nossas suposições, não com a realidade. A mulher deve, de alguma forma, levar sempre em consideração o que se espera de seu gênero. E o mesmo vale para os homens. Mas não exatamente da mesma maneira.

Quando mencionamos a diluição de atribuições de gênero, é raro ouvir alguém sugerir que meninos usem cor de rosa ou que chefes homens vistam estampas florais para "serem levados a sério". Isso seria ridículo, dizemos. Mas ainda se espera que uma mulher com um emprego importante no mundo dos negócios vista-se de forma sóbria. Se ela aparecer usando babados e uma saia lápis de couro, expõe-se às fofocas dos colegas. Ela tem de se vestir de modo neutro, isto é, de modo masculino. Adaptar-se a uma estrutura pré--existente organizada de acordo com o corpo masculino. Ao mesmo tempo, ela não pode ser muito masculinizada. Ainda tem de ser mulher – mas uma mulher que reconhece que está fazendo algo tradicionalmente masculino.

É um equilíbrio difícil.

Nossas expectativas em relação aos homens são completamente diferentes. Ninguém exige que Jamie Oliver se adapte a um papel de gênero feminino só porque cozinhar em casa tradicionalmente foi uma atividade feminina. O chef da televisão é imediatamente levado a sério ao vender sua macheza. Oliver não pica manjericão. Oliver enfia o manjericão num pano de prato, bate a planta na mesa, grunhe, conquista, força o manjericão a se submeter – antes de jogá-lo na panela.

Analogamente, uma creche que quer desafiar papéis tradicionais de gênero vai logo se opor às meninas de roupas de balé cor-de-rosa: não, não vamos aceitar essas roupas carregadas de estereótipo em nossa aula de educação física. Nem em um estado democrático socialmente progressista. Consideramos que as crianças devem ser indivíduos livres, então as meninas não podem sair por aí vestindo tutus cor-de-rosa durante os exercícios. Isso as reduz a um estereótipo de gênero com o qual elas talvez não se sintam confortáveis.

Mas a mesma professora de pré-escola cheia de boas intenções nem pensa sobre a forma como os garotos se vestem. Uma roupa de balé cor-de-rosa é vista como estereótipo de gênero, enquanto o kit esportivo tradicional dos meninos é considerado neutro. A masculinidade quase sempre é percebida dessa forma. É central à construção dessa identidade de gênero.

O príncipe Hamlet, de Shakespeare, pode incorporar uma questão universal. Ser ou não ser é ser como ele. Todos aprendemos a nos identificar com ele, até as mulheres. As declarações de Hamlet são uma experiência humana. O homem é a norma, e a humanidade se torna sinônimo de masculinidade.

Parir, porém, não é uma experiência humana. É uma experiência feminina. É assim que nos ensinaram a ver o mundo. A experiência feminina sempre é separada do universal. Ninguém lê livros sobre parto para compreender a existência humana. Lemos Shakespeare. Ou um dos grandes filósofos que escreveram sobre pessoas que nascem da terra como cogumelos e logo começam a firmar contratos sociais umas com as outras.

É só a mulher que tem gênero. O homem é humano. Apenas um sexo existe. O outro é uma variável, um reflexo, é complementar.

No mundo da economia, supõe-se que todos sejamos indivíduos racionais, egoístas, em busca do lucro. São qualidades sempre vistas como tradicionalmente masculinas. Então, também as percebemos como neutras. Elas não têm sexo – porque o homem nunca teve sexo. O homem econômico se torna o único sexo. Ao mesmo tempo, a teoria sempre supôs que outra pessoa incorpore o cuidado, a consideração com os outros e a dependência. Mas tudo isso é invisível. Se alguém quiser fazer parte da história da economia, tem de ser como o homem econômico. Simultaneamente, o que chamamos de economia é sempre construído em cima de outra história. É tudo o que é excluído para o homem econômico poder ser quem é. Para ele poder dizer que não há mais nada.

As mulheres valem tanto quanto os homens.
As mulheres complementam os homens.
As mulheres são tão boas quanto os homens.

Em cada uma dessas afirmações, a mulher é apresentada como uma versão da masculinidade. Ou a mulher é "como ele" ou ela está "em oposição a ele". Mas ela sempre existe em relação a ele.

Ou ela tem valor porque é como um homem, ou ela tem valor porque o complementa. Sempre tem a ver com o homem. Segundo uma forma de pensar, ela certamente pode trabalhar, pesquisar, transar, arrotar, começar uma guerra, ser racional e operar maquinário pesado, igual a ele. Ou seja, ela deveria ter os mesmos direitos e as mesmas vantagens que ele. Mas assim que ela deixa de ser "como ele", não pode mais exigir igualdade.

"Não há discriminação se homens grávidos e mulheres grávidas são tratados do mesmo jeito." Essa foi a decisão do famoso caso *Geduldig vs. Aiello* na Suprema Corte dos Estados Unidos em 1794.[2]

O caso tratava de saber se um seguro poderia especificamente excluir mulheres grávidas da cobertura. O tribunal decidiu que

O LADO INVISÍVEL DA ECONOMIA

sim. A apólice não excluía mulheres. Excluía "pessoas grávidas". O fato de que em todos os casos (e por um motivo que quase todo mundo compreende) essas pessoas eram mulheres não tinha nada a ver com isso.

A mulher só pode entrar nas categorias que contam econômica e politicamente se deixar seu corpo do lado de fora. A ideia de que a mulher é valiosa porque é "como um homem" implica uma libertação condicional.

Mas a outra forma de pensamento, de que a mulher é valiosa porque "complementa o homem", é mais restrita, se é que isso é possível. Nesse caso, a feminilidade é de novo construída como uma variação da masculinidade. A mulher não precisa ser como ele, contudo, é forçada a ser o tipo de esposa que oferece ao mundo um contrapeso aos mercados exigentes e desenvolvidos. Todas as facetas da experiência humana que o homem não foi capaz de tolerar em si, ele deseja experimentar de outra forma. A sociedade ditou que a mulher deve ser tudo o que ele não se permitiu: suave, vulnerável, corporal, emoções, natureza – o místico lado escuro da lua. Ela é forçada a ser corpo, emoção, natureza, o subjetivo e o específico porque ele não é. Além disso, dizem que ela é sentenciada por sua biologia.

Neste caso, ela é definida não pelo que ele é, mas pelo que ele não é. Em ambos os casos, por ele.

A mulher deve provar que é como o homem ou provar que pode complementá-lo. Nunca tem a ver com ela.

Porque só existe um sexo.

Na comédia romântica *Uma linda mulher*, quando o empresário alienado vivido por Richard Gere leva Julia Roberts à ópera, ele está mais interessado nas reações dela a *La Traviata* do que na *performance* em si. Ele não consegue chorar com Verdi. Mas consegue vê-la chorar com Verdi. Ele precisa dela para acessar sua própria vida emocional, e só consegue imaginar como estratégia para se aproximar de seus sentimentos assumir o papel de observador dos sentimentos dela. Ela o faz sentir-se vivo. De repente, ele se convence de que a ama.

Ao possuir e conquistar a mulher, o homem é capaz de se conectar com as facetas de si que costuma negar. Dependência, emoção, contexto, prazer e capitulação. Mas a mulher é uma pessoa, afinal – não uma essência. E, na verdade, ele sabe disso.

"Você procurou uma flor e encontrou uma fruta. Você procurou um riacho e achou um oceano. Você procurou uma mulher e encontrou uma alma – está decepcionado", escreveu a poeta Edith Södergran.[3]

Em um escritório no alto de um prédio de vinte andares, ele trabalha oitenta horas por semana, tomando objetivamente decisões também objetivas da maior importância que não têm nada a ver com ele. Ele deixa a si mesmo para trás na hora em que pendura o casaco no cabide. Não tem outro jeito. Ele sente o cheiro da própria doença no corpo das outras, então as evita. O que não quer dizer que não durma com elas, porque dorme. Sente-se inevitavelmente atraído pelas mulheres. Todas as coisas das quais ele se desliga no resto do tempo, ele procura nela. Sua infância, seu corpo, sua sexualidade e mais alguma coisa para as quais ele não consegue encontrar palavras. Mas a única coisa que ele encontra, depois de um tempo, é outra pessoa que o encara com um medo que ele sempre suspeitou haver nos próprios olhos.

Hoje, todas as qualidades que ele chama de masculinas pertencem às qualidades que definem o comportamento econômico. O distanciamento, racional e objetivo. Ele sabe o que quer e sai para conquistar. Mas nem os homens funcionam assim. Apesar disso, transformamos essas qualidades não apenas em um ideal, mas também em um sinônimo de masculinidade.

Bem lá no fundo, dizem que todas as nossas ações podem ser reduzidas a uma consciência única. O único sexo.

O LADO INVISÍVEL DA ECONOMIA

* * *

Muitos criticaram a perspectiva unidimensional do homem econômico. Achamos que ele não tem profundidade, emoções, psicologia nem complexidade. É uma calculadora simples e egoísta. Uma caricatura. Por que continuamos arrastando por aí esse boneco de papel? É ridículo. O que ele tem a ver conosco? Mas seus críticos não enxergam algo essencial. Ele não é como nós, mas obviamente tem emoções, profundidade, medos e sonhos com os quais podemos nos identificar bastante.

O homem econômico não é um simples boneco de papel, um psicopata comum nem uma alucinação aleatória. Bem, se fosse, por que nos encantaria tanto? Por que tentaríamos com tamanho desespero alinhar cada faceta de nossa existência à visão dele de mundo, apesar de as pesquisas mostrarem que esse modelo de comportamento econômico não condiz com a realidade?

O desespero com o qual queremos alinhar todas as partes de nossa vida com essa fantasia diz muito de quem somos. E do que tememos. Temos dificuldade de admitir isso a nós mesmos. Esse comportamento ridículo de tão simplório do homem econômico não significa que ele não tenha sido forjado em conflitos internos profundos.[4]

Dizem que a identidade dele é completamente independente das outras pessoas. Consideramos que nenhum homem é uma ilha e achamos risível toda essa autossuficiência do homem econômico. Mas, afinal, não compreendemos a natureza dele. Não é possível traçar uma identidade humana a não ser em relação a outras. Independentemente de o homem econômico gostar disso ou não, isso também se aplica a ele.

Como a competição faz parte de sua natureza, a identidade dele é totalmente dependente dos outros. O homem econômico é bastante ligado aos outros, mas de uma forma nova. Ligado a eles. Absolutamente preso a eles. Na competição.

165

Se o homem econômico não compete, ele não é nada e, para competir, ele precisa de outras pessoas. Ele não vive em um mundo sem relacionamentos. Vive em um mundo onde todos os relacionamentos se reduzem à competição. Ele é agressivo e narcisista. Vive em conflito consigo mesmo. Com a natureza e com as outras pessoas. Acha que o conflito é a única coisa que cria movimento. Movimento sem risco. Esta é a vida dele: cheia de provações, tormentos e anseios intensos.

Ele é um homem em fuga.

A diferença entre a produção total em um casamento e a soma da produção independente de duas pessoas é igual ao lucro em um casamento. Isso é medido (em muitos casos) pela distância vertical entre a parte sempre elástica da curva de demanda das mulheres e a curva de oferta delas. São teorias econômicas sobre o amor. Nossas fantasias gritam por independência, e sonhamos desesperadamente com o controle. Suponhamos que o HI (o Homem I) ama a ME (a Mulher Ela) se a prosperidade dela contribuir para a função utilitária dele, e talvez também se o HI valorizar o contato emocional e físico com a ME. Então, fica claro que o HI pode se beneficiar de uma parceria com a ME. Se eles estivessem juntos, haveria um impacto maior na prosperidade dela (ele daria um cheiro no pescoço dela por impulso, alcançaria os potes na prateleira mais alta da cozinha e a abraçaria forte à noite). Portanto, ele também contribui com o próprio ganho. Os bens que medem "contato" com a ME poderiam, de fato, ser produzidos de forma mais barata em um relacionamento do que se o HI e a ME vivessem sozinhos. Mesmo se a ME não amar o HI, ela se beneficiará de estar em uma relação com ele. Como ele a ama, o bem-estar dela faz parte da função utilitária dele, e é possível, portanto, esperar que ele transfira recursos a ela, o que aumenta os lucros dela, ainda que ela não o ame de volta.

Os economistas descrevem as relações românticas como um cálculo racional entre dois indivíduos independentes. Eles podem se livrar de tudo que tenha qualquer impacto sobre a relação romântica de fato. Aí, eles dizem ter achado a solução. Soluções racionais para problemas irracionais. Um caos de ideias específicas. Até nossas relações românticas devem se conformar à lógica fria e dura do mercado. Tanto homem quanto mulher se tornam o homem econômico. Sempre enxergamos o panorama completo, sempre mantemos um certo distanciamento e ficamos um pouco fora de nós mesmos. Controle total. Segurança total.

O homem econômico é o homem mais sedutor da terra porque pode nos afastar de tudo o que nos assusta. Corpo, emoção, dependência, insegurança e vulnerabilidade. Nada disso existe no mundo dele. O corpo vira capital humano, a dependência deixa de existir, e o mundo fica previsível.

Não há diferença. Não há vulnerabilidade. Não há o que temer. É por isso que nos apegamos a ele. Ele nos ajuda a escapar dos medos.

O homem econômico transforma os sentimentos das pessoas em preferências. Elas se tornam um conjunto impessoal de desejos. Pedidos em um cardápio, que podem ou não ser atendidos. Depende de você ter o que é necessário. Mas são apenas preferências, não é preciso se aproximar de nada.

Sentimentos não fazem parte de ninguém. No mundo dele, os sentimentos são algo que classificamos, ordenamos, empilhamos e organizamos. A raiva pode ajudar nas negociações. Fingir êxtase na cama faz parte de um "modelo racional de sinalização".

Amor é quando a prosperidade de outra pessoa contribui à sua função utilitária: ele reduz o conflito e, portanto, os custos do relacionamento em que escolhemos gerar e criar filhos. Assim, nunca precisamos lidar com nossos próprios sentimentos. Isto é, desde que permaneçamos no mundo do homem econômico. E esse mundo tem suas vantagens. Se nos enfiarmos nele, não vamos ter de lidar com várias coisas que achamos difíceis e confusas. Assim como os sentimentos se tornam preferências, o corpo desaparece. O homem econômico se transforma em capital humano. De repente, ele não faz parte nós, mas é algo que possuímos. O corpo se torna uma moeda que o indivíduo pode usar de formas diferentes e na qual ele pode investir. Essas teorias econômicas nos colocam fora de nosso corpo. É possível contratá-lo ou vendê-lo, como acontece com qualquer outra coisa. Mudá-lo, investir nele e, no fim, deixá-lo morrer. Você é o proprietário, seu corpo é capital e essa é sua relação com ele.

Assim, nos tornamos humanos apesar de nossos corpos, não por causa de nossos corpos. Ser lembrado do corpo é ser lembrado de que impotência e dependência total também são parte do ser humano. De que o corpo nasce de outro corpo e de que, quando ele é um recém-nascido enrugado, está à mercê de seu ambiente. De que morre sem amor. Espera tudo e precisa de tudo. A doença o empurra para a dependência. Envelhecimento e morte.

No mundo do homem econômico, a morte é, por outro lado, uma decisão de negócios. Desligar ou não desligar? Será que o ganho vivido é maior que essa dor? Não é preciso aprofundar isso. Não há significado na morte. Nem na vida. O propósito é criar um mundo sem propósito.

Quando transformamos o corpo em capital humano, as consequências políticas do corpo desaparecem. Mãos que se levantam, pernas que se movimentam, dedos que apontam, chãos que são esfregados, bocas que são alimentadas. Nossa economia é construída sobre corpos.

Se o corpo fosse levado a sério como ponto de partida para a economia, teríamos consequências amplas. Uma sociedade organizada em torno das necessidades compartilhadas dos corpos humanos seria uma sociedade bem diferente dessa que conhecemos hoje.

Fome, frio, doença, falta de sistemas de saúde e de comida seriam preocupações econômicas centrais. Não seriam como hoje: subprodutos lastimáveis de um único sistema.

Nossas teorias econômicas se recusam a aceitar a realidade do corpo e ficam o mais longe possível dele. Elas não aceitam que as pessoas nascem pequenas e morrem frágeis e de que a pele cortada com um objeto afiado sangrará, independentemente de quanto alguém ganhe e de onde more. O que temos em comum começa com o corpo. Trememos quando sentimos frio, suamos quando corremos, gritamos quando chegamos e gritamos quando damos à luz. É por meio do corpo que podemos alcançar os outros. Então, o homem econômico o erradica. Finge que ele não existe. Nós o observamos de fora como se fosse um capital externo.

E estamos sozinhos.

Fugindo do corpo e das emoções, o homem econômico também está fugindo da dependência. Está tudo relacionado, claro. Muitas vezes, é por meio do corpo que a dependência se expressa. O homem econômico nunca precisa de nada: ele só quer. E se formos como ele, jamais vamos nos sentir excluídos e jamais vamos precisar pedir nada. Nunca vamos sentir que não merecemos e nunca vamos ter que lidar com as consequências: a preocupação de não conseguir pagar por alguma coisa.

No mundo do homem econômico, não há nada disso. Todas as contas estão equilibradas. O conceito de liberdade dele é o único que ele pode imaginar.

Ele mesmo o inventou.

O homem econômico é uma fuga da insegurança. Podemos contar com ele para tudo. Tudo é previsível. Podemos calcular o volume de uma bola dividindo-a em retângulos cada vez menores. Igual à vida. O movimento das populações e as forças que o impulsionam. Tudo ocorre segundo leis abstratas. E ele é o fim da fraqueza. Somos mestres de um universo que obedece a todos os nossos gestos. Na história da economia, esse parece ser o único propósito do mundo. O mercado sempre faz o que queremos que ele faça, expulsa quem merece ser expulso e vai atrás de quem tem valor.

A história do homem econômico perpetua o mito de uma pessoa como um sujeito racional e onisciente. Mestre de sua vida. Mestre do mundo. Quando nos envolvemos com a economia, é essa a roupa que usamos. Todo o resto é despido. Sexo, histórico, corpo e contexto. O homem econômico é o fim da indiferença. Tornamo-nos não apenas um único sexo, mas uma única pessoa. Então, claro, é fácil quantificar-nos e prever como vamos nos comportar.

O homem econômico não é um boneco de papel. Ele não é uma caricatura. Não é simples, longe disso. É um sintoma das partes da realidade que ele tenta exterminar. Corpo, emoção, dependência, insegurança e vulnerabilidade. As facetas da realidade que durante milhares de anos a sociedade disse à mulher que pertencem a ela. Ele nos diz que elas não existem.

Porque ele não consegue lidar com elas.

Ele foge, agoniza, e nos identificamos com a torturante profundidade de seus medos. É por isso que ele nos seduz. A teoria econômica vira um esconderijo. Um lugar onde a sociedade conta histórias sobre si. As coisas de que precisamos. As coisas que apenas seguimos.

O único sexo. A única escola. E o único mundo.

CAPÍTULO 15

EM QUE VEMOS QUE A MAIOR HISTÓRIA DE NOSSO TEMPO SÓ TEM UM SEXO

Em um de seus poemas, Muriel Rukeyser revisita o mito grego do rei Édipo.[1] Aquele que o oráculo previu que mataria o pai, se casaria com a mãe e que resolveu o misterioso enigma da Esfinge. Muitos anos mais tarde, depois de ele ter matado o pai, casado com sua mãe e arrancado os próprios olhos pela desonra, Édipo encontra de novo a Esfinge, cujo famoso enigma ele resolvera.

– Você errou a resposta do enigma daquela vez – disse ela. – É por isso que as coisas aconteceram como aconteceram.

– Como assim? – perguntou o velho e cego Édipo. – Eu respondi certo. Fui o primeiro a dar a resposta correta. A primeira parte dessa história tratava justamente disso.

– Não – respondeu a Esfinge. – Quando perguntei o que anda com quatro pernas pela manhã, duas à tarde e três à noite, você respondeu o homem. Você disse que o homem anda com quatro pernas na manhã de sua vida, duas à tarde e três, uma delas sendo uma bengala, no anoitecer de sua vida. Não disse nada sobre a mulher.

– Mas – protestou Édipo – quando dizemos homem, estamos incluindo as mulheres também. Todo mundo sabe disso.
– É o que você pensa – respondeu a Esfinge.

A cultura ocidental é cheia de dicotomias: você é corpo ou alma, emoção ou razão, natureza ou cultura, subjetivo ou objetivo, específico ou universal? Essencialmente: você é feminino ou masculino? Tudo que se definiu que o homem econômico não é são aspectos da existência que tradicionalmente atribuímos à mulher. Corpo, emoção, dependência e vulnerabilidade. Em uma única pessoa, conseguimos reunir todas as características que há séculos chamamos de "masculinas". Os economistas dizem que é uma coincidência. O homem econômico por acaso parece assim. Além do mais, é possível encaixar a mulher nesse molde, se assim quisermos. Essencialmente, todas as pessoas podem ser reduzidas a essa consciência econômica abstrata e racional. Independentemente de sexo, independentemente de raça, independentemente de cultura, independentemente de idade, independentemente de *status* social.

Se isso não é igualdade, é o quê?

Na verdade, a ideia do homem econômico é uma forma eficaz de excluir as mulheres. Historicamente, fixamos nelas certas atividades e dissemos que ela deve fazê-las porque é mulher. Depois, criamos uma teoria econômica que afirma que essas atividades não têm significado econômico. Dizemos à mulher que ela deve incorporar certas forças motrizes para que a sociedade do homem possa funcionar: cuidado, empatia, altruísmo, consideração. Ao mesmo tempo, dizemos que a economia é na verdade a única coisa que importa.

A teoria econômica é alçada como a lógica social suprema, mas as forças motrizes que codificamos como femininas, é claro, ainda estão lá – se não, nada seria consistente.

Criamos uma linguagem econômica que não permite falar sobre o todo. A única coisa sobre a qual conseguimos falar é o homem econômico. Se quisermos falar da mãe de Adam Smith, temos de transformá-la no homem econômico. Se quisermos falar de arte, temos de transformar esculturas, pinturas – e até os sentimentos que temos quando as vemos – em bens em um mercado. Se quisermos falar de nossas relações, temos de transformá-las em relações de competição. E o que não se encaixar nesses modelos? Paciência!

A principal característica do homem econômico é que ele não é uma mulher. A economia só tem um sexo. A mulher pode escolher entre tentar ser ele ou ser seu oposto. Complementar e equilibrar essa dura lógica de racionalidade e interesse pessoal. Ela própria escolhe. Porque tudo o que fazemos é resultado do livre-arbítrio.

A parte interessante não é o que a teoria diz sobre as mulheres, mas sim o que pode ser dito sobre as mulheres com uma teoria.

Hoje, as teorias econômicas padrão defendem que os resultados econômicos têm gênero neutro. De fato parecem bastante neutros quando expressos como matemática abstrata. Mas os economistas dizerem que o sexo não tem importância não impede que as pessoas, por causa de seu sexo, tenham relações estruturais diferentes com produção, reprodução e consumo na sociedade.

O acesso à educação e à tecnologia é pior entre as mulheres. Assim como o acesso à água limpa. À saúde. Ao crédito. Aos mercados financeiros. Mulheres têm mais dificuldade em conseguir empréstimos. Têm mais dificuldade em abrir negócios. Têm condições de trabalho piores. Salários piores. Menos segurança no emprego. Menos compreensão de seus direitos e menos informação sobre o que diz a lei.

O sexo tem importância em um mundo onde 20 por cento de todas as mulheres vivem abaixo da linha internacional da pobreza, enquanto, ao mesmo tempo, estão praticamente ausentes da nova superelite global que foi criada nas camadas mais altas da economia global. Uma elite que assegurou influência cada vez maior sobre nossos sistemas econômicos e políticos.

O sexo tem importância em um mundo onde mulheres têm salários mais baixos, condições de trabalho piores e fazem a maior parte do trabalho não remunerado, um trabalho que é subvalorizado e excluído das estatísticas que usamos para medir a performance econômica.

Em um mundo onde normas, culturas e valores restringem as mulheres por serem mulheres, o sexo importa. Ainda que os economistas aleguem que tais normas, culturas e valores não são economicamente relevantes, e afirmem que a economia em si é totalmente livre de normas, culturas e valores – uma expressão neutra da verdade mais íntima sobre a humanidade.

Só isso.

As posições estruturais diferentes de homens e mulheres na economia significam que políticas econômicas causam impacto sobre eles de modos diferentes. A teoria econômica, cega diante disso, não consegue lidar com esse fato, nem mensurá-lo.

Um dos problemas do patriarcado é que ele cria formas insuficientes de medir a economia. E medidas são importantes.

Os que pensam que o mercado resolverá sozinho todos os nossos problemas não precisam de estatísticas. Eles podem se satisfazer dizendo que as teorias econômicas são obras de arte impressionantes: representações matemáticas de um mito que, por acaso, nos excita. Por outro lado, os que querem usar a economia para atingir objetivos sociais têm de compreender como ela funciona. Se quisermos uma imagem precisa do mercado, não podemos, por exemplo, ignorar o que metade da população mundial está fazendo metade do tempo.

Se o trabalho não remunerado feminino não for incluído nos modelos econômicos, nunca vamos compreender como esse trabalho não reconhecido está ligado à pobreza e à desigualdade entre os sexos.

O LADO INVISÍVEL DA ECONOMIA

E, se quisermos entender por que um país se desenvolve de determinada forma, não podemos ignorar todas as suas forças motrizes exceto por interesse pessoal, ganância e medo.

A teoria econômica nos oferece uma forma de olhar o mundo e afirma que pode diagnosticar os problemas de um país, formular condições de debatê-los publicamente, prever como eles se desenvolverão e prescrever remédios para curá-los. Precisamente porque a teoria insiste que nela reside a verdade sobre a natureza humana. Se é a economia que deve resolver os problemas da humanidade, ela não pode continuar a não enxergar um mundo masculino fantasioso onde só existe um sexo.

Os economistas acreditam que seu papel é equipar a sociedade com o conhecimento necessário para compreender o sistema econômico. Mas os predecessores mais próximos dos economistas atuais não são cientistas como Albert Einstein ou Isaac Newton. Os economistas são, mais propriamente, herdeiros de teólogos como São Tomás de Aquino e Martinho Lutero, como afirma Robert H. Nelson no livro *Economics as Religion* [Economia como religião]. Segundo Nelson, ele próprio um economista, a tarefa dos economistas tem sido a de um sacerdote moderno, que espalha a crença de que o progresso econômico é o caminho da salvação.

Os fundadores da ciência econômica viam a área em termos explicitamente messiânicos.[2] Maldade, dor e até a própria morte são, em grande parte, consequências da escassez material no mundo. Roubamos porque temos fome, sofremos quando não temos dinheiro suficiente e, em geral, morremos porque não temos os recursos para sobreviver.

A ciência econômica acreditava que a única coisa capaz de tirar o mundo desse estado seria princípios corretamente formulados, corretamente vividos e corretamente estabelecidos na sociedade.

Os economistas acreditavam ser tarefa deles difundir esses valores e, com isso, oferecer ao mundo o caminho da salvação. Hoje, sabemos que nada é tão simples.

As pessoas morrem de solidão – não só de falta de comida ou água. Um bebê que ninguém pega no colo ou que não é tocado não sobrevive, mesmo se suas necessidades materiais forem atendidas. Os ricos também roubam. Basta perguntar ao grande fraudador Bernard Madoff. Depois de um certo ponto, a sociedade humana não fica mais feliz com o crescimento econômico.

Mas Robert H. Nelson não enxerga nada disso, nem a incapacidade de a economia moderna descrever a realidade. O homem econômico pode ser um mito, mas é um mito útil, porque nos faz focar nas coisas certas.

Acreditar que a economia é uma ciência tem uma função econômica importante, segundo Nelson. Sendo verdadeiras ou não, as teorias econômicas sobre o funcionamento das pessoas e dos mercados legitimam e organizam a sociedade em torno de um conjunto de valores necessários ao crescimento da economia.

Nelson analisa seu próprio histórico de conselheiro político. Afirma que seu papel era precisamente este: tentar encorajar os tomadores de decisão a tomar decisões baseadas em um sistema de valor econômico. Porque ele acreditava que os valores econômicos são os melhores valores de uma sociedade. Ainda acredita nisso.

Como a maioria dos missionários, alguns economistas acreditam que a realidade é só uma parte da coisa. Mesmo se Deus não existir, muitos padres fizeram bem para o mundo. As teorias econômicas são comprovadamente equivocadas em descrever o mundo e as pessoas, diz Nelson, mas essas teorias falsas fizeram muito bem à sociedade. Elas foram a base do desenvolvimento dos últimos duzentos anos.

Nossa perspectiva ocidental de que a religião deve "alegar a verdade" para podermos acreditar nela é, exatamente, uma perspectiva,

O LADO INVISÍVEL DA ECONOMIA

escreve ele. O fato de valer ou não a pena seguir uma religião não depende de quanto ela está próxima da verdade – isso também deve ser julgado pelo tipo de sociedade que essa religião cria.

Hoje, a ciência econômica é a religião dominante no mundo ocidental. Enquanto continuarmos acreditando no poder da economia, haverá uma demanda contínua de aula sacerdotal que ofereça interpretação e simbolismo apropriado.

Ainda que os economistas não nos ensinem muito sobre o funcionamento da economia na realidade, a imagem ficcional que criam do mercado é uma admirável obra de arte. Além disso, ela nos deu uma linguagem com a qual discutir questões econômicas. Isso é um feito em si, escreve Nelson.

Talvez ele tenha razão. Sendo religião ou não, independentemente de quais modelos matemáticos complicados a teoria econômica usa, ela sempre carrega seus valores consigo. Diluída em fatos, suposições morais e doutrinas, ela cria o que hoje chamamos de lógica econômica. É claro que os dados sobre inflação, desemprego e tudo o mais, compilados e analisados pelos economistas, contribuíram para a sociedade se desenvolver da forma extraordinária como se desenvolveu. Mas a ciência econômica raramente para por aí.

Ela afirma ser tão mais que, em algum ponto do caminho, as coisas deram errado.

Não há uma igreja econômica formal, não há padres ordenados nem decretos oficiais identificando os textos sagrados – não há nem uma definição absoluta do que é a teoria econômica. Mas a crença de que a lógica do mercado vive na natureza humana é algo que carregamos conosco todos os dias. Ela foi se entranhando profundamente em nossa cultura. Somos encorajados a recorrer a ela o tempo todo, e cada vez em mais áreas da vida. A discussão sobre o homem econômico é, portanto, uma questão para cada um de nós. Não se trata apenas das hipóteses que a economia pode formular, que se conformem melhor à realidade, evitando, portanto, contribuir com o colapso do mundo econômico. Manter as aparências. E seguir em frente.

A lógica do mercado é excelente para decidir que tipo de batom deve ser produzido, para quem ele deve ser produzido, em que cores produzi-lo e quanto ele deveria custar. Mas a observação do escritor satírico norte-americano H. L. Mencken de que, só porque o cheiro das rosas é melhor que o cheiro do repolho, não se pode concluir que elas dão uma sopa melhor, também pode ser aplicada à lógica do mercado.[3] Só porque ela funciona bem em algumas áreas, não quer dizer que deva ser usada em todas as áreas. Infelizmente, aplicar a lógica do mercado a tudo se tornou em boa parte o projeto dos economistas em décadas recentes.

O que chamamos de teoria econômica é a versão formal da visão de mundo dominante em nossa sociedade. A maior história de nossa época: quem somos, por que estamos aqui e o motivo pelo qual fazemos as coisas.

E a pessoa nessa história, o homem econômico? A característica que o define é não ser mulher.

CAPÍTULO 16

EM QUE VEMOS QUE CADA SOCIEDADE SOFRE AS CONSEQUÊNCIAS DAS MENTIRAS QUE CONTA. E NOS DESPEDIMOS

Pode parecer uma bobeira que o terceiro maior parque de esqui coberto do mundo fique em Dubai. No Golfo Persa. No paralelo 25N. A temperatura do lado de fora é em média 40 °C nos meses secos e cheios de ventania de verão. No inverno, baixa a 23 °C. A instalação de esqui abre pelo menos doze horas por dia, sete dias por semana e cobre 22.500 metros quadrados. Seis mil toneladas de neve são usadas em cinco rampas diferentes. A mais longa tem 400 metros e uma queda de 60 metros. É a única pista preta coberta do mundo.

A diferença entre a temperatura do lado de fora e a temperatura do lado de dentro é, em média, 32 °C. Nem queira saber quanta energia é necessária para esfriar o espaço. Ainda assim, dizemos que é economicamente racional. Se é que chegamos a pensar sobre isso. Construir uma pista de esqui no meio do deserto? Sim, bem, se as pessoas querem pagar por isso, por que não? É a única pergunta que sabemos fazer.

A economia é justa? A economia aumenta a qualidade de vida? A economia desperdiça a capacidade humana? A economia cria segurança suficiente? A economia desperdiça os recursos do mundo? A economia cria oportunidades suficientes para o trabalho significativo? Nenhuma dessas perguntas pode ser feita às doutrinas econômicas dominantes atualmente. Se questionarmos a economia, questionamos nossa natureza interior. E aí estamos nos insultando. Então, melhor ficar quieto. A economia hoje cria apetites, em vez de soluções. O mundo ocidental incha de obesidade, enquanto outros morrem de fome. Os ricos andam por aí como deuses em seus próprios pesadelos. Ou vão esquiar no deserto. Nem é preciso ser especialmente rico para fazer isso. Os que antes passavam fome hoje têm acesso a salgadinhos, Coca-Cola, gordura *trans* e açúcar refinado, mas ainda são destituídos de direitos. Diz-se que, quando perguntaram a Mahatma Gandhi o que ele achava sobre a civilização ocidental, ele respondeu que sim, seria uma boa ideia. O bônus do banqueiro e os bilhões do oligarca são fenômenos naturais. Alguém tem de se distanciar das massas – senão, todos nós ficaremos mais pobres. Depois da quebra, os bancos islandeses perderam 100 bilhões de dólares.[1] O maior PIB que o país já teve somava apenas 13 bilhões de dólares no total. Uma ilha com inflação crônica, moeda fraca e nenhum recurso natural, só peixe e água morna. Sua economia era um terço da de Luxemburgo. Bem, deviam ficar agradecidos de poder participar da festa financeira. Assim como mulheres feias devem ficar agradecidas. Relaxe, engula e não reclame quando terminar. Os economistas são capazes de tirar da cartola sempre as mesmas explicações. Sonham com mundos de exclusão social total e crescimento pelo consumo infinito onde possam ficar em paz, a uma distância segura da pobreza e da destruição ambiental espalhadas por eles próprios. Universos alternativos para formas de vida humana privilegiadas. A bolsa de valores sobe, e a bolsa de valores cai. Países se desvalorizam, e moedas reverberam. Os movimentos do mercado são monitorados minuto a minuto. Algumas pessoas sempre andam com sapatos esfarrapados. E cada um organiza as prioridades de modo a não encontrar essas pessoas. Já não é mais possível ver o futuro além de um desejo de cada vez. A história acabou e a liberdade individual assumiu seu lugar.

Não há alternativa.

Não se trata apenas de todos os aspectos da personalidade do homem econômico coincidirem com as características que, ao longo da história, passamos a chamar de masculinas. A questão é que essas características são as mesmas que entendemos como sendo superiores e dignas de dominar as que chamamos de femininas.

A alma é mais refinada que o corpo, e associamos a alma a ele. A razão é mais refinada que a emoção, e associamos a razão a ele. O universal é melhor que o específico, e associamos o universal a ele.

O objetivo é melhor que o subjetivo, e associamos a objetividade com o homem – ele, que pode avaliar uma situação com distanciamento, observando com frieza, sem se afetar pelo que vê. A cultura é mais refinada que a natureza, e associamos a cultura a ele. Ela é a natureza indomada; ele a idolatra tanto quanto se assusta com ela.

A mulher é o corpo, é a terra, e é passiva. Ela é dependente, é a natureza, e o homem é o oposto. Ele a fertiliza, subjuga, ara e extrai dela. Ele a enche de sentido e a coloca em movimento.

Em sua jornada, o herói Homero, da *Odisseia*, supera a natureza, o mito e o canto da sereia da sexualidade feminina para voltar para casa e reestabelecer o poder patriarcal sobre sua esposa em Ítaca. Toda a autoconsciência ocidental é construída em torno de histórias assim. Aprendemos a ver os sexos como uma dicotomia, e é assim em muitas tradições. Mas não em todas.

Na obra clássica de Lao Tzu, *Tao Te Ching*, escrita na China em torno de 600 a.C., os movimentos do *yin* e do *yang* geram um ao outro.[2] O feminino e o masculino são energias que se seguem em um impulso circular no qual não pode haver nem hierarquia nem dicotomia. Em *Tao Te Ching*, o *yin* e o *yang* são descritos não em termos de um ou outro, o que é a visão patriarcal sobre essas forças, mas como um caminho que vai além das dicotomias. Aquilo que tradicionalmente é chamado de "feminino", ou *yin*, é livre e pode ser abraçado por todas as pessoas, independentemente do sexo. O todo está constantemente em um processo de mudança e criação – nada é fixo nem imutável. Essa não é, porém, a concepção de sexos predominante no mundo.

Em geral, tudo com o que associamos o feminino está estabelecido como algo que deve ser subordinado ao masculino. A natureza deve ser domada pela cultura, o corpo deve ser dominado pela alma. Os que são autônomos devem cuidar dos que são dependentes. O ativo deve penetrar o passivo. O homem produz. A mulher consome. É por isso que ele deve tomar as decisões. É autoexplicativo.

Essas teorias econômicas são uma continuação da mesma história. O homem econômico domina por meio da força de sua masculinidade. Os lucros de uma empresa podem assim dominar todas as outras ambições dentro da economia e da própria empresa. Justiça, igualdade, cuidado, meio ambiente, confiança, saúde mental e física – tudo isso é subordinado. Porque há uma teoria que pode justificá-lo. Que pode explicar por que nada mais é possível. Apesar de, lá no fundo, sabermos que isso é uma loucura.

Então, em vez de ver justiça, igualdade, cuidado, meio ambiente, confiança, saúde mental e física como partes fundamentais da equação que cria valor econômico, colocamos tais coisas em oposição a esse valor.

Organizar a economia para a qualidade de vida continuar a subir é uma coisa. Subordinar todos os valores da sociedade ao lucro e à competição é outra.

Os recursos do mundo são limitados, dizemos. A natureza é estática, mesquinha e hostil e, portanto, devemos competir uns com os outros. Dessa competição, nasce a energia que alimenta o sistema econômico. Que coloca seu jantar na mesa e decide o preço de tudo, desde *waffles* até bebês de proveta.

A definição mais famosa de economia foi dada por Lionel Robbins em 1932. A economia era, segundo ele, "a ciência que estuda o comportamento humano como relação entre fins e meios escassos que têm usos alternativos".[3] Os personagens são a natureza mesquinha e hostil, agindo contra uma pessoa com apetite ilimitado e liberdade de escolha total. A história toca em nossos velhos conceitos sobre o homem, cuja razão domina e conquista a natureza feminina. Aquilo que ele ao mesmo tempo deseja e teme.

Como o mundo seria diferente, pondera a economista Julie Nelson, se tivéssemos, por exemplo, definido a economia como "a ciência que estuda como os humanos satisfazem as exigências e aproveitam as delícias da vida usando os presentes gratuitos da natureza".[4] Aqui, a natureza não é uma contraposição, mas um dado. É flexível, generosa e amigável. Nossa relação com ela não é de agarre-tudo-o--que-conseguir-carregar-ou-comer, mas de ver a natureza como integrante do mesmo todo de que nós mesmos fazemos parte.

Podemos criticar o homem econômico quanto quisermos. Enquanto não vermos que ele é uma teoria baseada em gênero, de um mundo baseado em nosso medo coletivo do "feminino", nunca nos libertaremos. Como sociedade, após milhares de anos de opressão das mulheres, podemos finalmente nos identificar com ele. Com a profundeza de seus sentimentos. Com o medo da vulnerabilidade, da natureza, da emoção, da dependência, do cíclico e de tudo o que não conseguimos compreender.

Essa é a história de nossa sociedade. A negação desesperada de partes de nossa humanidade que nos recusamos a aceitar.

A fim de continuarmos fugindo, precisamos do homem econômico. Mais do que do ar que respiramos.

KATRINE MARÇAL

* * *

A forma como preferimos enxergar a humanidade e suas ações na economia diz muito sobre a forma como vemos a nós mesmos. Os fenômenos econômicos sempre têm raiz nas interações pessoais: ir ao mercado, comprar roupas íntimas, planejar a construção de uma nova ponte, plantar uma árvore, espiar nosso vizinho e desejar o carro dele. Mas os economistas quase sempre apresentam essas interações em um nível estatístico consolidado: preço de mercado, PIB de uma nação, gastos dos consumidores e assim por diante.

Essa realidade estatística supostamente vem do que os atores estão fazendo no nível micro, e os economistas, portanto, exigem ter alguma noção de como as pessoas agem economicamente. Quem é essa pessoa, por que ela está fazendo aquilo – e de que forma isso se relaciona com a história dela e todos os outros que criam a curva do PIB na página quatro da apresentação de PowerPoint do ministro das Finanças?

Esse é um dos problemas com essa história. E há outros.

Todo conjunto de suposições sobre a humanidade em relação à economia sempre será, de alguma forma, uma simplificação. Precisamos mesmo saber quem somos para entender a economia? Talvez não. Mas definitivamente não conseguiremos entender a economia fazendo todo o possível para fugir precisamente dessa questão.

Essa é a função primária do homem econômico. Fugir. Negar o corpo, a emoção, a dependência e o contexto – bem como a responsabilidade pelo todo do qual fazemos parte. Tudo o que nos recusamos a aceitar na humanidade à qual pertencemos.

Há séculos, a dependência é vista como vergonhosa. Era algo que definia mulheres e escravos. Quando operários exigiram o direito de votar, o fizeram argumentando que eram, sim, independentes. Antes disso, a dependência era definida pela propriedade.

Os que eram proprietários eram independentes. Os que trabalhavam para outra pessoa eram dependentes.

Mas o movimento dos trabalhadores redefiniu o que anteriormente se chamava de "escravidão assalariada" como uma fonte de orgulho. A independência passou a ser definida como ter um emprego com um salário capaz de sustentar uma família. Assim, um indivíduo estaria cumprindo seu dever e, portanto, poderia também exigir direitos.

A mulher, por outro lado, não podia fazer o mesmo – porque ainda era dependente.

O fato de que, para ser "independentes" e trabalhar em período integral, os operários dependessem das mulheres cuidando da casa não entrava na história. Assim como Adam Smith não nos falou de sua mãe.

O que consideramos dependência e quem é visto como parasita de quem sempre foi uma questão política. Adam Smith precisa da mãe ou ela precisa dele?

A verdade é que todos somos dependentes e, portanto, a tarefa da sociedade não pode ser separar aqueles que produzem daqueles que consomem. Todos somos responsáveis uns pelos outros e por nós mesmos. Independentemente do que alegamos, não podemos escapar do fato de que ainda somos parte do todo. Precisamos encontrar uma maneira de conversar sobre isso.

Hoje, a experiência verdadeira da humanidade em si não tem espaço na economia. Nossas teorias econômicas padrão são baseadas em um personagem fictício cuja principal característica é não ser mulher.

Seria de se esperar que os economistas se dedicassem a encontrar soluções para os complexos problemas que a humanidade está enfrentando. Em vez disso, eles ficam cegos diante das próprias suposições sobre uma natureza masculina que nem os homens possuem.

Governamos o mundo a partir da posição de não sabermos quem somos.

Dizem que tudo deveria ser dividido em sua menor parte e que só será compreendido quando se separar tudo o mais, em uma relação de competição. Essa visão de mundo faz com que seja difícil lidar com as coisas que realmente importam. As teorias econômicas não nos ajudam a compreender nem o que nossas escolhas cotidianas significam para o todo e para a sociedade nem o que significarão para o futuro que deixaremos um dia, não importa quanto finjamos que nossas ações são impulsos isolados em um vazio.

Os economistas deveriam nos ajudar a entender quem somos, criando ferramentas e métodos de organizar a sociedade, com espaço para toda experiência humana. Junto com os outros, como parte do todo, a singular unidade por meio da qual nos tornamos inteligíveis. Inteligíveis para nós, para os outros e, inclusive, para as fórmulas matemáticas.

Se entendêssemos melhor nossos desejos, provavelmente veríamos que eles não podem ser satisfeitos como imaginamos. Trabalhando demais. Com estímulos demais. Gastando demais. Sem uma alternativa, mas com todas as escolhas do mundo. Crédito, débito, medo e ganância. Só porque você está correndo, não quer dizer que não esteja correndo em círculos. Cada vez mais rápido. Um único sonho de separação total. O mundo termina onde começou. Debatendo-se e pedindo mais. Todo mundo está tentando atingir você. É por isso que você faz o que mandam. É por isso que acorda de manhã. É por isso que paga as contas e guarda os comprovantes. Expectativas são só dor represada. Uma afirmação frágil que abre espaço para a escuridão. Quem quer o mel não pode matar todas as abelhas. O mercado vive na natureza humana. E cada sociedade sofre de acordo com as mentiras que conta.

A economia deveria nos ajudar a superar o medo e a ganância. Ela não deveria explorar esses sentimentos.

A ciência econômica deveria estudar como transformar uma visão social em um sistema econômico moderno. Deveria ser uma ferramenta que criasse oportunidades para o desenvolvimento humano e social. Não apenas lidar com nossos medos como expressões de demandas no mercado. Deveria se dedicar a questões concretas importantes para a humanidade. Não a análises abstratas de escolhas hipotéticas. Deveria enxergar as pessoas como seres sensatos. Não como vagões amarrados às consequências de uma racionalidade inevitável e coercitiva. Deveria enxergar as pessoas como inseridas na sociedade. Não como indivíduos cuja essência nunca muda e que flutuam em um vácuo a uma distância segura uns dos outros.

Deveria enxergar as relações como fundamentais até para conseguirmos nos individualizar. Não como algo que pode ser reduzido à competição, lucro, perda, comprar na baixa, vender na alta e calcular quem venceu.

Deveria enxergar a pessoa como alguém que age de acordo com seus vínculos. Não apenas pelo interesse pessoal e pela negação de qualquer contexto ou relação de poder.

Não deveria enxergar o interesse pessoal e o altruísmo como opostos – porque não deveria mais ver o mundo ao redor como algo que está em oposição ao eu.

"Por que você é infeliz?", escreveu o poeta Wei Wu Wei.

Porque 99,9 por cento
De tudo o que você pensa
E de tudo o que você faz
É para seu eu –
E ele não existe.[5]

* * *

Em vez de fugir da vulnerabilidade, poderíamos aceitar que ela faz parte do ser humano. Tudo o que temos em comum começa no corpo. Em vez de interpretarmos as emoções como o oposto da razão, poderíamos nos interessar pelo modo como as pessoas realmente tomam decisões. Em vez de reduzir todos a uma única consciência abstrata, poderíamos aceitar a diferença.

Nossas relações não precisariam se reduzir à competição. A natureza não precisaria ser uma contraposição hostil. Poderíamos admitir que o todo é maior que a soma de suas partes. Que o mundo não é uma máquina nem uma performance mecânica elaborada. Então, poderíamos nos libertar do homem econômico. Gritos de futilidade são expressos de muitas maneiras, mas esta não precisa ser uma delas. O propósito dessa jornada poderia mudar. Poderíamos parar de tentar possuir o mundo e tentar nos sentir em casa nele.

Eis a diferença. Possuir é ter a posse. Pegar uma coisa inerte nas mãos e dizer: "Isto é meu". Quando nos sentimos em casa, nunca precisamos dizer "Isto é meu".

Sabemos que não é.

É aí que tiramos os sapatos – preparados para ficar ali um pouco.

Epílogo

Ela se chamava Margaret Douglas, a mãe de Adam Smith. Séria e idosa, vestida quase toda de preto, ela se senta ao canto de um quarto em uma poltrona vermelha, com a mão direita sobre um livro que aparentemente acabou de fechar. O ano é 1778, e ela tem 84 anos. O retrato foi pintado por Conrad Metz no mesmo ano em que a família de Adam Smith fez as malas e se mudou para Edimburgo.

Hoje, a pintura está nas Galerias Kirkcaldy, em Fife, na Escócia. Margaret Douglas nasceu em setembro de 1694, quinta filha de uma nobre família escocesa. Ela foi criada no Castelo de Strathenry, a 200 quilômetros de Kirkcaldy. O pai dela, Robert Douglas, era membro do Parlamento escocês, um homem importante. A filha Margaret casou-se com Adam Smith pai aos 26 anos. Ela tinha quinze a menos do que ele. Eles passaram pouco mais de dois anos juntos.

Em janeiro de 1723, Adam Smith pai morre. Seis meses depois, seu filho Adam Smith nasce. Margaret Douglas nunca mais se casa. Ela é uma viúva de 28 anos, e com 2 anos de idade Adam Smith herda a propriedade de seu pai. Sua mãe só pode reivindicar um terço da herança. Desse ponto em diante, ela essencialmente depende do filho para ter dinheiro.

Ele também depende dela até ela morrer.

"A mãe dele foi do início ao fim o coração da vida de Smith", escreveu John Rae na biografia de Adam Smith.

É Margaret Douglas quem cuida da casa de Adam Smith, pouco importando para onde ele se mude, e por muito tempo ela faz isso com uma das primas de Adam, Janet Douglas, sobre quem as futuras gerações saberão ainda menos. Só sabemos que ela era importante. Em 1788, enquanto Janet Douglas está em seu leito de morte, Adam Smith escreve uma carta a um amigo: "Ela me deixará como um dos homens mais destituídos e incapazes da Escócia".

Em suas teorias econômicas, porém, não há rastro desse pensamento. Como aponta a economista feminista Edith Kuiper, em contraste até com os filósofos de sua época, as mulheres estão quase completamente ausentes das considerações de Adam Smith.

A intenção deste livro não foi explicar por quê.

Eu, como autora, não quero ser dura demais com Adam Smith.

Virginia Woolf também não sabia cozinhar.

Karl Marx tinha uma empregada com quem ele também transava. Não é esse o ponto. O ponto é que a disciplina e a linhagem de pensamento a que Adam Smith deu origem omitiram algo fundamental quando o próprio Adam Smith se esqueceu de sua mãe.

Como, talvez, costume acontecer.

Mas, como a economia se tornou cada vez mais importante durante os séculos, esse erro fundamental teve consequências de longo alcance.

A grande crise financeira de 2008 veio e se foi sem que a história econômica sobre a qual ela foi construída fosse desafiada da forma como muitos acreditavam ser inevitável. As ideias não caíram junto com os bancos. Este livro argumentou que isso ocorreu em parte porque não entendemos quão completamente o homem econômico nos seduziu.

O LADO INVISÍVEL DA ECONOMIA

Não podemos desafiar o homem econômico sem o feminismo, e não podemos mudar quase nada de importante hoje sem desafiar o homem econômico.

Margaret Douglas é a peça que falta no quebra-cabeça. Mas isso não quer dizer necessariamente que, quando acharmos a peça faltante, a imagem venha a se tornar clara. "Não existe almoço grátis" é uma das verdades mais frequentemente citadas da economia. A isso, deveríamos adicionar: não existe cuidado grátis. Se a sociedade não fornecer creches com as quais todos possamos contribuir, alguém vai ter de fazê-lo. E esse alguém, em geral, é uma mulher.

Hoje, Margaret Douglas é a mulher que reduz as horas no trabalho para cuidar de seus netos. Ela faz isso por amor e porque não há outra solução. Sua filha e seu genro têm seus empregos. Não há chance de a família conseguir sobreviver com um salário, quando mal se arranja com dois.

Em geral, são as mulheres que reduzem suas horas trabalhadas para cuidar dos filhos e que, como resultado, perdem segurança econômica, contribuições para a aposentadoria e rendimentos futuros.

Nossos sistemas de bem-estar social, impostos e aposentadoria não foram estabelecidos para compensá-las por esse trabalho, nem mesmo para levá-lo em consideração.

A responsabilidade feminina pelo cuidado é apresentada como uma livre escolha, e raciocinamos que, ao fazer uma escolha de livre-arbítrio, devemos aceitar as consequências. Tudo, dos Estados de bem-estar social escandinavos a nossas economias neoliberais, tem como base as mulheres desempenhando certos tipos de funções na força de trabalho a um custo muito baixo. É uma fórmula fundada no fato de que antes apenas algumas áreas eram abertas a elas. Se uma mulher quisesse ter uma carreira, podia escolher basicamente entre se tornar enfermeira ou se tornar professora. Os sistemas de saúde e educação, portanto, conseguiam recrutar mulheres bastante educadas, motivadas e brilhantes, sem problema.

Mas será que Florence Nightingale teria se tornado enfermeira hoje? Provavelmente não.

Ela teria se tornado médica, pesquisadora, economista da saúde ou professora de estatística.

E teria sido excelente.

Mas quem seria a enfermeira?

Todo ano, milhares de profissionais de enfermagem britânicas vão embora da Grã-Bretanha. Elas se mudam para países onde os salários são mais altos e as condições, melhores.

Quando não é dado que as mulheres façam certo tipo de trabalho, é mais difícil recrutá-las. E esse trabalho em geral está relacionado a cuidados e deveres: cuidar dos doentes, das crianças e dos idosos.

É possível discutir os problemas de saúde e educação hoje sem essa perspectiva?

A Margaret Douglas moderna frequentemente cuida tanto de seus filhos quanto de seus pais doentes, ou dos de seu parceiro. Dezessete por cento das britânicas desempregadas pediram demissão de seu último emprego para cuidar de outra pessoa.

Para os homens, esse número é 1 por cento.[1]

Em muitos países, mães donas de casa se tornaram um fenômeno quase exclusivo das camadas sociais mais altas e mais baixas.

Os super-ricos conseguem viver com um salário, enquanto as mulheres pobres em países com salários baixos e custos altos para os cuidados com crianças literalmente não podem se dar ao luxo de trabalhar.

A sociedade britânica é um exemplo disso. Mães pobres que não estão trabalhando recebem benefícios para poder ficar em casa, mas aí também são ridicularizadas e culpadas por não se sustentar.

Quando o salário mínimo nem de longe cobre os custos dos cuidados com os filhos, as famílias são confrontadas com uma equação insolúvel.

Políticos conservadores bradam contra os benefícios, mas ao mesmo tempo não querem fornecer creches universais. Por sua vez, quem está na esquerda têm dificuldade até de falar sobre a dependência dos benefícios.

O resultado: Estados de bem-estar social que não se adaptaram a uma realidade social quase totalmente transformada.

Dizemos a nós mesmos que valorizamos a próxima geração mais que quase qualquer outra coisa no mundo, mas não reforçamos isso com investimentos.

Mulheres europeias dizem querer ter em média 2,36 filhos. Na realidade, elas dão à luz cerca de 1,7.

O que causa esse abismo?

O que está impedindo as mulheres da Europa de ter o número de filhos que querem ter?

O modelo de família tradicional – pai no trabalho e mãe em casa – não é receita para altas taxas de natalidade. Na verdade, há muitas provas do contrário. Desde meados dos anos 1990, os níveis de fertilidade mais baixos da Europa são encontrados em países que também têm os menores níveis de participação feminina na força de trabalho.

Quando a sociedade não ajuda nem encoraja as mulheres a combinar filhos com trabalho pago, menos crianças nascem. Quando as mulheres são forçadas a escolher entre uma carreira e filhos, muitas escolhem a carreira.[2]

E os países em que isso acontece, como Alemanha, Itália e Japão, enfrentam sérios problemas econômicos.

Quando as mulheres, como acontece em muitos países europeus, só dão à luz 1,5 filho cada, isso significa que a população será reduzida. Cada vez menos gente terá de sustentar cada vez mais gente.

A sociedade não se equilibra ao longo das gerações. Para resolver o problema, é preciso ou cortar os benefícios ou aumentar os impostos. É preciso ou abrir as fronteiras e tentar atrair jovens de outros países ou fazer com que seus próprios cidadãos se aposentem mais tarde.

A questão de como seria possível combinar família com trabalho fora de casa não é uma reclamação privilegiada de uma elite feminina que quer ter tudo. É um desafio enorme que afeta toda a economia e toda a população.

Ao mesmo tempo, é verdade que a conversa sobre equilibrar carreira e filho frequentemente está relacionada a mulheres que têm uma carreira.

Ela é menos frequentemente relacionada a homens, e deveria ser.

É ainda menos frequentemente relacionada a mulheres que não têm uma carreira.

Isto é, mulheres que têm apenas um emprego.

Em março de 2014, Shanesha Taylor foi presa pela polícia do Arizona. A mãe solteira tinha deixado os filhos sozinhos em um carro por 45 minutos; um menino de 2 anos e um bebê de seis meses ficaram lá sentados no calor. Felizmente, nada aconteceu com eles, mas Shanesha Taylor foi presa por ter colocado a vida deles em risco.

A história dela se espalhou pelos Estados Unidos.

Não por ser incomum, mas porque o motivo de ela ter deixado os filhos nas cadeirinhas do carro era que ela estava indo a uma entrevista de emprego.

Ela estava sem casa e sem emprego e tinha contratado uma babá para poder ir à entrevista. Era um emprego que ela acreditava ser uma das poucas chances de melhorar a situação econômica de sua família.

Mas aí a babá cancelou.

Então, ela preferiu deixar os filhos no carro.

Para milhares de mulheres, isso é o equilíbrio entre vida pessoal e profissional.

O LADO INVISÍVEL DA ECONOMIA

"Carreira" significa contratos de zero horas,* turnos irregulares e ligações nervosas para o chefe toda manhã para checar se haverá trabalho.

Na era imediatamente anterior à crise de 2008, muitas economias começaram a tomar a forma de uma ampulheta. Empregos eram criados entre os palácios de vidro e metal dos bancos, no topo, bem como em um setor de serviços cada vez maior e mais inseguro, na base. Os empregos nesse último setor eram muitas vezes exatamente o tipo de trabalho que, antes, era feito pelas mulheres em casa. Agora, ele tinha sido transferido para o mercado, mas era mal pago e irregular; seguia o fluxo da imigração que, com seu movimento global, garantia que nossas sociedades ainda ficassem unidas apesar de suas impossibilidades intrínsecas.

Se quisermos entender por que estamos passando por um aumento da desigualdade, é preciso entender a perspectiva feminista da economia: como Adam Smith recebia seu jantar e por que isso tinha importância econômica.

A discussão sobre economia de fato mudou desde a crise de 2008, e estamos no processo de ampliar nossa visão sobre o que é essa ciência. Muitos estão expressando as ideias apresentadas neste livro, embora de maneiras diferentes e com pontos de partida diversos.

Como autora, tentei contribuir com minha versão. Uma história sobre como o homem econômico era uma forma de fugir de grandes aspectos de nossa humanidade e de como nos encontramos entre visões de mundo e a caminho de perder nossa religião.

O segredo mais bem guardado do feminismo é quanto uma perspectiva feminista é necessária na busca por uma solução para nossos

---

* Contratos em que o trabalhador está disponível para a empresa, mas só recebe por horas trabalhadas, e a definição de quantas horas são essas fica a cargo do empregador. (N. T.)

principais problemas econômicos. Essa visão está em tudo, de desigualdade a crescimento populacional a benefícios ao meio ambiente e ao dilema dos cuidados que logo será enfrentado por muitas sociedades que estão envelhecendo. O feminismo diz respeito a muito mais do que "direitos das mulheres". Por enquanto, apenas metade da revolução feminista aconteceu. Adicionamos as mulheres e mexemos. O próximo passo é perceber que essa mudança foi enorme e de fato mudar nossas sociedades, economias e políticas, adaptando-as ao novo mundo que criamos. Despedirmo-nos do homem econômico e construirmos uma economia e uma sociedade com espaço para um espectro maior do que significa ser humano.

Não precisamos chamar de revolução; em vez disso, podemos denominar de melhoria.

O epílogo desta história foi escrito em um jardim no norte de Londres com mobília azul-esverdeada, rosas florindo e a esperança de um futuro justamente assim.

NOTAS

Prólogo

1 Ver Lagarde, 2010.
2 Ver Croson e Gneezy, 2009.
3 Ver Pearson e Schipper, 2013.
4 Ver Booth, Cardone-Sosac e Nolena, 2014.
5 Ver Wolf, 2013, capítulo 2.
6 Os ganhos das mulheres, recalculados como salários por trabalho em tempo integral, são cerca de 17 por cento mais baixos que os dos homens na Suécia. A diferença tem sido a mesma há cerca de vinte anos. Ver Statistics Sweden, 2004.
7 Quando os países são ranqueados de acordo com quantas mulheres ocupam posição de gerência sênior no mundo dos negócios, a Suécia fica em 25º lugar, a Finlândia em 13º e a Dinamarca em 37º. Ver *Grant Thornton International Business Report*, 2012.

Capítulo 1

1 Ver McCloskey, 2000, p. 13.
2 Piada originária da antiga União Soviética.
3 Edgeworth, 1967, p. 16.
4 Stigler, 1971, p. 265.
5 Do prefácio de *Freakonomics*.
6 A expressão "a mão invisível" só aparece uma vez em *A riqueza das nações*, em relação a restrições de importação (ver *A riqueza das nações*, livro IV, capítulo 2).

7 Atribuído a Newton. A citação aparece pela primeira vez no livro de Henry Richard Fox Bourne *The Romance of Trade*, de 1871.
8 Ver, por exemplo, Davis, 2003.
9 Entre outros, citado em Hawking, 1993, p. 113.
10 Robbins, p. 1.
11 O *slogan* era frequentemente usado pela primeira-ministra Margaret Thatcher. "Não há alternativa" também é expresso pela sigla em inglês TINA ("There is no alternative").
12 Estima-se que Richard S. Fuld Jr., CEO do Lehman Brothers, tenha ganhado 500 milhões de dólares entre 2000 e 2007. Ver também Bebchuk, Cohen e Spamann, 2010.
13 Aproximadamente o menor salário de enfermeiras formadas.
14 Ver Phillipson, 2010.
15 Sobre mulheres e PIB, ver Waring, 1999.
16 Ver de Beauvoir, 2006.
17 Ver Folbre, 2001.

Capítulo 2
1 Milne, 2004, pp. 14-16.
2 Ver, por exemplo, Grapard e Hewitson, 2011.
3 Defoe, 1992.
4 Ver Joyce, 1964, pp. 24-25.
5 Para uma definição, ver, por exemplo, Marshall, 1920, livro V, capítulo V.
6 Foi John Stuart Mill que usou o termo "homem econômico" pela primeira vez. O termo também é associado a pensadores do século XVIII como Adam Smith, mas só começou a ser amplamente usado no XIX. Para saber mais sobre o *Homo economicus*, ver Persky, 1995.
7 Ver Mandeville, 1997.
8 Citado em Nelson, 2002, p. 301.

Capítulo 3
1 Ver Folbre, 2010.
2 Ver West, 1989, p. 219.
3 O economista inglês Nassau Senior (1790-1864) foi personagem importante nisso. Ver, por exemplo, Senior, 1965.
4 Ver, por exemplo, Becker, 1978.
5 Ver Foucault, 2010.
6 Citado em Hewitson, 1999, p. 130.
7 A discussão sobre Gary Becker e a Escola de Chicago deste capítulo se baseia em Hewitson, 1999, pp. 37-64.
8 Ver Mincer e Polachek, 1992. Na verdade, Jacob Mincer atuou na Universidade de Columbia durante grande parte da vida, mas é mais associado à Escola de Chicago, principalmente por suas teorias sobre o capital humano. Ele as usou para descrever diferenças de salário antes de Gary Becker e T. W. Schultz.

O LADO INVISÍVEL DA ECONOMIA

9 Trata-se de uma teoria do capital humano apresentada por Jacob Mincer.
10 Ver Hewitson, 1999, p. 50.
11 Ver Becker, 1957.
12 Ver Arrow, 1972; Mueser, 1987.
13 Ver Becker, 1995.
14 Ver, por exemplo, Becker, 1991, p. 37.
15 Ver Kipnis, 2006, pp. 81-122.
16 Ver Angier, 2000, p. 58.

Capítulo 4
1 Citado em Brockway, 1996, p. 10.
2 Para o raciocínio que se segue, ver Keynes, 1931.
3 Se produção e consumo *per capita* crescerem a uma taxa de 2 por cento ao ano, dobrarão aproximadamente a cada 35 anos. Dentro de um século (103,5 anos), o consumo e a renda terão crescido oito vezes. Depois de mais 35 anos, terão expandido dezesseis vezes.
4 Citado em Marglin, 2008, p. 4.
5 Ver Keynes, 1963, p. 374.
6 Números disponíveis em: http://data.worldbank.org/country/china.
7 Hammermesh e Soss, 1974.
8 Ver Mialon, 2012.
9 Ver Galenson, 2006.
10 Ver, por exemplo, Thompson, 2008.
11 Citado em *The New York Times*, 4 de agosto de 2008.
12 Ver, por exemplo, CIA, *The World Fact Book*, http://www.cia.gov.
13 Estatísticas do Fundo Populacional das Nações Unidas (UNFPA), http://www.unfpa.org.
14 Ver Sen, 1990.
15 Estatística da ONU, http://www.un.org.
16 Ver Stiglitz, 2011.
17 Ver Center on Juvenile and Criminal Justice, 1996.
18 Memorando citado em *The Economist*, 8 de fevereiro de 1992.
19 Para aprofundar a discussão sobre o memorando de Summers, ver Marglin, 2008.
20 Citado em Jensen, 2002, p. 124.
21 Ver Walsh, 2009.

Capítulo 5
1 Citada em Kipnis, 2006, p. 34.
2 A expressão costuma ser atribuída à feminista norte-americana Gloria Steinem, que a usou muitas vezes.
3 Ver Barker e Feiner, 2004, p. 123.
4 Ver Varia, 2007.
5 Ver Hochschild, 2000.

KATRINE MARÇAL

6   Ver Kingma, 2007.
7   Ver Waring, 1999.
8   Ver Human Development Report, 1999, p. 78.
9   Para mais discussões sobre esse assunto, ver Folbre, 2002, p. 67.
10 Ver, por exemplo, Hamdad, 2003.
11 A expressão é usada por Gillian J. Hewitson, economista feminista australiana, para descrever a estratégia de incorporar as mulheres a uma disciplina existente, em vez de mudá-la. Ver Hewitson, 1999, p. 37.
12 Para saber mais sobre a vida de Friedan, ver Hennessee, 1999.
13 Citado em Fox, 2006.
14 Ver Stevenson e Wolfers, 2009.
15 Ver Office for National Statistics, 2012b.

Capítulo 6
1   Ver, por exemplo, Leonard, 2010.
2   Ver Poundstone, 1992, p. 66.
3   Ver Rhodes, 1987, p. 628.
4   Ver Aumann, 2005. http://www.nobelprize.org/nobel_prizes/economic-sciences/laureates/2005/aumann-lecture.pdf.
5   Diz-se que John von Neumann foi a inspiração do Dr. Fantástico de Stanley Kubrick na comédia *Dr. Fantástico ou: como aprendi a parar de me preocupar e amar a bomba*, de 1964.
6   Ver, por exemplo, Taylor, 2004, pp. 142-72.
7   Murray Gell-Mann citado em Grazzini, 2009, p. 2.
8   Citado em Taylor, 2004, p. 174.
9   Ver Taylor, 2004, pp. 244-48.
10 A afirmação às vezes é atribuída a Larry Summers e às vezes a Robert Shiller; ver, por exemplo, o prefácio de Jeremy Grantham em Smithers, 2009.
11 Ver Soros, 1994.

Capítulo 7
1   Para saber mais sobre os temas econômicos em *Fausto*, ver Binswanger, 1994.
2   Para um raciocínio detalhado, ver, por exemplo, Weatherford, 1998.
3   Ver Buckley, 2000, pp. 536-38.
4   Ver *The Economist*, 2005.
5   Ver Galbraith, 1994, p. 28.
6   Para uma explicação sobre bolhas, ver Kindleberger, 2000.
7   Gordon Gekko no filme *Wall Street*, de 1987.
8   Ver Grant and Mackenzie, 2010.
9   O depoimento está disponível em: http://www.pbs.org. Por sua vez, Greenspan não abriu mão de sua ideologia. No *Financial Times* de 29 de março de 2011, ele escreveu: "Os mercados competitivos de hoje, queiramos nós reconhecer ou não, são impulsionados por uma versão

O LADO INVISÍVEL DA ECONOMIA

internacional da 'mão invisível' de Adam Smith que é irrecuperavelmente opaca. Com notáveis exceções (2008, por exemplo), a 'mão invisível' global criou taxas de câmbio, taxas de juros, preços e salários relativamente estáveis".

Capítulo 8
1 Ver Kahneman e Tversky, 1979.
2 Tversky morreu em 1996, ou também teria recebido o prêmio.
3 Sobre esses argumentos, ver capítulo 2 em Smith, 2000, bem como Aktipis e Kurzban em Koppl, 2005.
4 Ver Akerlof e Shiller, 2009.
5 Ver Bereby-Meyer e Fisk, 2009.
6 Ver Sen, 1990, p. 35.
7 Ver Friedman, 1953.
8 Em US News and World Report, 7 de março de 1988, p. 64, mas não é certo que possa ser atribuído a Galbraith.
9 Ver Lucas, 2009.
10 Ver Stiglitz, 2003, pp. 133-66.
11 De um artigo de Amanda Friedeman no Chicago Daily Observer, 30 de janeiro de 2010.
12 Para uma explicação racional sobre doenças mentais, ver Caplan, 2005.

Capítulo 9
1 Para saber mais sobre isso, ver Taylor, 2009, p. 69.
2 Ehrenreich, 2008.
3 Gneezy e Rustichini, 2000.
4 Ver Banerjee e Duflo, 2011, pp. 57-70.
5 Ver Schwartz, 2007.

Capítulo 10
1 Ver Folbre, 2001 p. 22-23.
2 Para saber mais sobre essa dicotomia, ver Folbre e Nelson, 2000.
3 Em Counsels and Maxims vol. 2, capítulo 26, nº 320, traduzido para o inglês por T. Bailey Saunders.
4 A discussão sobre Florence Nightingale é um desdobramento de Moberg, 2007.
5 Ver Agence France-Presse, 2005.
6 O prognóstico do SBC se refere a 130 mil mulheres formadas em cursos de saúde – enfermeiras, auxiliares de enfermagem etc. O motivo é um crescimento da população idosa, combinado com o baixo interesse em cursos de saúde. Ver Trender och prognoser, 2008, disponível em: http://www.scb.se.

Capítulo 11
1 A seção sobre a China é baseada em Leonard, 2008.
2 Ver Johnson, 2011.

KATRINE MARÇAL

3 Citado por Douglas Keay em *Woman's Own*, 31 de outubro 1987.
4 Ver Chait, 2007.
5 Ver Stockman, 1986, p. 13.
6 Ver Harvey, 2007, p. 16.
7 Ver Mount, 2012, p. 3.
8 Ver Cowen, 2011.
9 Ver *United Nations Publications*, 2005.
10 Ver Rothkopf, 2008, p. 94.
11 Ver Wolf, 2013, p. 141.
12 Segundo a lista de 2009 da *Forbes*.
13 Ver Edlund e Kopczuk, 2009.
14 O termo foi cunhado em Reich, 1983.
15 Segundo o chamado Harvard MBA Indicator de 2009, compilado pela Soifer Consulting.
16 Ver Krugman, 2000.
17 Da peça *The Lark*, de Anouilh.

Capítulo 12
1 Para a seção sobre Dubai, ver Davis e Monk, 2007.
2 Ver Brown, 2008.
3 Ver Foucault, 2010.
4 De uma entrevista com Ronald Butt no *Sunday Times*, 3 de maio de 1981.
5 A discussão sobre alienção e capital humano se baseia em Read, 2009.
6 Ver Mincer, 1958.
7 Becker, 1992, p. 43.
8 Ver Lemke, 2001.

Capítulo 13
1 A discussão sobre individualismo e a foto de Lennart Nilsson é baseada em Newman, 1996.
2 Para saber mais sobre economia comportamental, ver Östling, 2009.
3 Ver Franklin, 1991.
4 Ver Held, 1990.
5 Isso é formulado de outra perspectiva e com conclusões diferentes em Feiner, 2003.

Capítulo 14
1 Para saber mais sobre as visões de sexo e gênero que a discussão neste capítulo traz, ver, por exemplo, Hewitson, 1999, pp. 108-38.
2 Citado em Graycar e Morgan, 1990.
3 Do poema "The Day Cools", de Edith Södergran, 1916.
4 Ver também Feiner, 1999.

Capítulo 15
1 Citado como epígrafe em Folbre, 2010.
2 Ver Nelson, 1993.
3 Mencken, 2006, p. 19.

Capítulo 16
1 Ver Lewis, 2009.
2 Para saber mais sobre Lao Tzu e feminismo, ver Chuan Xu, 2003.
3 Ver Robbins, p. 16.
4 Ferber e Nelson, 1993, p. 26.
5 De *Ask The Awakened; The Negative Way*, 2003.

Epílogo
1 Números da Equality and Human Rights Commission (EHRC) sugerem que 17 por cento das mulheres desempregadas saíram de seu último emprego para cuidar de alguém, contra apenas 1 por cento dos homens (Smeaton *et al.*, 2009). Essa disparidade é especialmente aguda entre mulheres mais velhas de baixa renda.
2 Há exceções. A Irlanda ainda tem a taxa de natalidade mais alta da Europa e pratica uma política familiar bem tradicional.

BIBLIOGRAFIA

AGENCE FRANCE-PRESSE. "Warnings Raised About Exodus of Philippine Doctors and Nurses", *The New York Times*, 27 de novembro de 2005.

AKERLOF, George A.; e SHILLER, Robert J. *Animal Spirits: How Human Psychology Drives the Economy, and Why It Matters for Global Capitalism*. Princeton University Press, 2009.

AKTIPIS, Athena C.; e KURZBAN, Robert O. "Is Homo Economicus Extinct?". In: Koppl, R. *Evolutionary Psychology and Economic Theory*. JAI Press, 2005.

ANGIER, Natalie. *Woman: An Intimate Geography*. Anchor, 2000.

ARROW, Kenneth J. *Models of Job Discrimination*. In: PASCAL, A. H. *Racial Discrimination in Economic Life*. Lexington Books, 1972.

AUMANN, Robert J. *War and Peace*. Palestra no Prêmio Nobel, 8 de dezembro de 2005. Disponível em: <http://www.nobelprize.org>.

BANERJEE, Abhijit; e DUFLO, Esther. *Poor Economics: A Radical Rethinking of the Way to Fight Global Poverty*. Public Affairs Books, 2011.

BARKER, Drucilla K.; e FEINER, Susan F. *Liberating Economics: Feminist Perspectives on Families, Work and Globalization*. University of Michigan Press, 2004.

BEBCHUK, Lucian; A. COHEN, Alma; e SPAMANN, Holger. "The Wages of Failure: Executive Compensation at Bear Stearns and Lehman 2000-2008". *Yale Journal on Regulation*, vol. 27, 2010.

BECKER, Gary S. *A Treatise on the Family*. Harvard University Press, 1991.

_____. "Human Capital, Effort and the Sexual Division of Labor". In: HUMPHRIES, J. (ed.). *Gender and Economics*. Edward Elgar Publishing, 1995.

_____. *The Economic Approach to Human Behavior*, University of Chicago Press, 1978.

KATRINE MARÇAL

_____. *The Economics of Discrimination*. University of Chicago Press, 1957.

_____. *The Economic Way of Looking at Life*. Palestra no Prêmio Nobel, 9 de dezembro de 1992. Disponível em: <http://home.uchicago.edu/gbecker/Nobel/nobellecture.pdf>.

BEREBY-MEYER, Yoella; e FISK, Shelly. *Is Homo Economicus a Five-Year-Old?*. Ben Gurion University of the Negev, 2009.

BINSWANGER, Hans Christoph. *Money and Magic: A Critique of the Modern Economy in the Light of Goethe's Faust*. University of Chicago Press, 1994.

BOOTH, Alison; CARDONA-SOSAC, Lina; e NOLENA, Patrick. "Gender Differences in Risk Aversion: Do Single-Sex Environments Affect Their Development?". *Journal of Economic Behavior and Organization*, vol. 99, pp. 126-54, março de 2014.

BROCKWAY, George P. *The End of Economic Man: Principles of Any Future Economics*. W. W. Norton & Company, 1996.

BROWN, Wendy. *Att vinna framtiden åter*. Atlas, 2008.

BUCKLEY, David. *Strange Fascination – David Bowie: The Definitive Story*. Virgin Books, 2000.

CAPLAN, Bryan. *The Economics of Szasz: Preferences, Constraints, and Mental Illness*. Department of Economics, Center for Study of Public Choice e Mercatus Center, George Mason University, 2005.

CENTER ON JUVENILE AND CRIMINAL JUSTICE. *From Classrooms Cell Blocks*, outubro de 1996. Disponível em: <http://www.cjcj.org>.

CHAIT, Jonathan. *The Big Con: The True Story of How Washington Got Hoodwinked and Hijacked by Crackpot Economics*. Houghton Mifflin Harcourt, 2007.

CHUAN XU, Judith. "Poststructuralist Feminism and the Problem of Femininity in the Daodejing". *Journal of Feminist Studies in Religion*, vol. 19, nº 1, 2003.

COHEN, Patricia. "A Textbook Example of Ranking Artworks". *The New York Times*, 4 de agosto de 2008.

COWEN, Tyler. "The Inequality that Matters". *American Interest*, janeiro/fevereiro de 2011.

CROSON, Rachel; e URI, Gneezy. "Gender Differences in Preferences". *Journal of Economic Literature* 47 (2): pp. 448-74, 2009.

DAVIS, John B. *The Theory of the Individual in Economics: Identity and Value*. Routledge, 2003.

DAVIS, Mike; e MONK, Daniel Bertrand. *Evil Paradises: Dreamworlds of Neoliberalism*. New Press, 2007.

DE BEAUVOIR, Simone. *The Second Sex*. Norstedts, 2006.

DEFOE, Daniel. *Robinson Crusoe*. Wordsworth Editions, 1992.

EDGEWORTH, F. Y. *Mathematical Physics: An Essay on the Application of Mathematics to the Moral Sciences*. Reprints of Economic Classics, Augustus M. Kelley Publishers, 1967 (1881).

EDLUND, L.; e KOPCZUK, W. "Women, Wealth and Mobility". *American Economic Review*, 99 (1) (2009), pp. 146-78.

EHRENREICH, Barbara. "Clitoral Economics". *Huffington Post*, 22 de janeiro de 2008.

FEINER, Susan F. "Portrait of Homo Economicus as a Young Man". In: OSTEEEN, Mark; e WOODMANSEE, Martha. *The New Economic Criticism: Studies at the Intersection of Literature and Economics*. Routledge, 1999.

_____. "Reading Neoclassical Economics: Toward an Erotic Economy of Sharing". In: K. BARKER, Drucilla; e KUIPER, Edith. *Toward a Feminist Philosophy of Economics*, Routledge, 2003.

FERBER, Marianne A.; e NELSON, Julie. *Beyond Economic Man: Feminist Theory and Economics*. Chicago University Press, 1993.

FOLBRE, Nancy. *Greed, Lust and Gender: A History of Economic Ideas*. Oxford University Press, 2010.

_____. *The Invisible Heart: Economics and Family Values*. New Press, 2001.

FOLBRE, Nancy; e NELSON, Julie A. "For Love or Money – Or Both?". *Journal of Economic Perspectives*, vol. 14, nº 4, 2000.

FOUCAULT, Michel. "The Birth of Biopolitics". In: _____. *Lectures at the Collége de France*. Palgrave, 2010.

FOX, Margalit. "Betty Friedan, Who Ignited Cause in 'Feminine Mystique', Dies at 85". *The New York Times*, 5 de fevereiro de 2006.

FRANKLIN, Sarah. "Fetal Fascinations: New Dimensions to the Medical-Scientific Construction of Fetal Personhood". In: FRANKLIN, S.; LURY, C.; e STACEY, J. *Off Centre: Feminism and Cultural Studies*. HarperCollins Academic, 1991.

FREY, Bruno. *Not Just for the Money: An Economic Theory of Personal Motivation*. Edward Elgar Publishing, 1997.

FRIEDAN, Betty. *The Feminine Mystique*. Trad. Gun Trollbäck, Pan/Norstedts, 1968.

FRIEDMAN, Milton. "The Methodology of Positive Economics". In: *Essays in Positive Economics*. University of Chicago Press, 1953.

GALBRAITH, John Kenneth. *A Short History of Financial Euphoria*. Penguin, 1994.

GALENSON, David W. *Artistic Capital*. Routledge, 2006.

GILDER, George. *Wealth and Poverty*. ICS Press, 1993.

GNEEZY, Uri; e RUSTICHINI, Aldo. "A Fine is a Price". *Journal of Legal Studies*, vol. 29, nº 1, janeiro de 2000.

GRANT, Jeremy; e MACKENZIE, Michael. "Ghosts in the Machine: The Potential Dangers of Automated, High-Frequency Trading". *Financial Times*, 17 de fevereiro de 2010.

GRANT THORNTON INTERNATIONAL BUSINESS REPORT (IBR) 2012. "Women in Senior Management: Still Not Enough", 2012.

GRAPARD, Ulla; e HEWITSON, Gillian. *Robinson Crusoe's Economic Man*, Routledge, 2011.

GRAYCAR, Regina; e MORGAN, Jenny. *The Hidden Gender of Law*. Federation Press, 1990.

GRAZZINI, Jakob. "The Rhetoric of Economics by D. N. McCloskey". Doutorado em Economia da Complexidade e da Criatividade. Universidade de Turin, 2009.

HAMDAD, Malika. "'Valuing Households' Unpaid Work in Canada, 1992 and 1998: Trends and Sources of Change". *Statistics Canada Economic Conference*, 2003.

HAMMERMESH, Daniel S.; e SOSS, Neal M. "An Economic Theory of Suicide". *Journal of Political Economy*, 82, janeiro/fevereiro de 1974.

HARVEY, David. *A Brief History of Neoliberalism*. Oxford University Press, 2007.

HAWKING, Stephen. *Black Holes and Baby Universes and Other Essays*. Bantam Books, 1993.

HELD, Virginia. "Mothering Versus Contract". In: MANSBRIDGE, Jane J. *Beyond Self-Interest*. University of Chicago Press, 1990.

HENNESSEE, Judith. *Betty Friedan: Her Life*. Random House, 1999.

HEWITSON, Gillian. "Deconstructing Robinson Crusoe: A Feminist Interrogation of 'Rational Economic Man'". *Australian Feminist Studies*, vol. 9, ed. 20, pp. 131-49, 1994.

_____. *Feminist Economics*. Edward Elgar Publishing, 1999.

HOCHSCHILD, Arlie Russell; e EHRENREICH, Barbara (eds.). *Global Woman: Nannies, Maids and Sex Workers in the New Economy*. Henry Holt, 2002.

JENSEN, Derrick. *The Culture of Make Believe*. Context Books, 2002.

JOHNSON, Joel. "1 Million Workers. 90 Million iPhones. 17 Suicides. Who's to Blame?". *Wired Magazine*, março de 2011.

JOYCE, James. *Daniel Defoe*, Buffalo Studies 1, 1964.

KAHNEMAN, Daniel; e TVERSKY, Amos. "Prospect Theory: An Analysis of Decision under Risk". *Econometrica*, XLVII, 1979.

KEYNES, John Maynard. *Essays in Persuasion*. W. W. Norton & Company, 1963.

KINDLEBERGER, Charles P.; e ALIBER, Robert Z. *Manias, Panics, and Crashes: A History of Financial Crises*. Wiley Investment Classics, 2000.

KINGMA, Mireille. "Nurses on the Move: A Global Overview". In: *Health Services Research*, vol. 42, nº 3, p. 2, 2007.

KIPNIS, Laura. *The Female Thing*. Pantheon Books, 2006.

KRUGMAN, Paul. *The Return of Depression Economics*. W. W. Norton & Company, 2000.

LAGARDE, Christine. "Women, Power and the Challenge of the Financial Crisis". *International Herald Tribune*, 10 de maio de 2010.

LEMKE, Thomas. "The Birth of Biopolitics: Michel Foucault's Lecture at the Collège de France on Neo-Liberal Governmentality". In: *Economy and Society*, vol. 30, nº 2, maio de 2001.

LEONARD, Mark. *What Does China Think?* Fourth Estate, 2008.

LEONARD, Robert. *Von Neumann: Morgenstern and the Creation of Game Theory*. Cambridge University Press, 2010.

LEVITT, Steven D.; e DUBNER, Stephen J. *Freakonomics: A Rogue Economist Explores the Hidden Side of Everything*. William Morrow, 2006.

LEWIS, Michael. "Wall Street on the Tundra". *Vanity Fair*, 14 de dezembro de 2009.

LUCAS, Robert. "In Defence of the Dismal Science". *Economist*, 6 de agosto de 2009.

MANDEVILLE, Bernard. *The Fable of the Bees and Other Writings*. Hackett Publishing, 1997.

MARGLIN, Stephen A. *The Dismal Science: How Thinking Like an Economist Undermines Community*. Harvard University Press, 2008.

MARSHALL, Alfred. *Principles of Economics*. Macmillan and Co., 1920.

McCLOSKEY, Deirdre. *How to be Human*: *Though an Economist*. University of Michigan Press, 2000.

_____. *If You're So Smart: The Narrative of Economic Expertise*, University of Chicago Press, 1992.

MENCKEN, H. L. *A Little Book in C Major*. Kessinger Publishing, 2006.

MIALON, Hugo. "The Economics of Faking Ecstasy". *Economic Inquiry*, vol. 50, n° 1, janeiro de 2012.

MILNE, A. A. *If I May*. Kessinger Publishing, 2004.

MINCER, Jacob. "Investment in Human Capital and Personal Income Distribution". *Journal of Political Economy*, vol. 66, n° 4, agosto de 1958.

MINCER, Jacob; e Polachek, Solomon. "Family Investment in Human Capital: Earnings of Women". In: *Studies in Labor Supply: Collected Essays of Jacob Mincer*, vol. 2, Edward Elgar Publishing, 1992.

MOBERG, Asa. *Hon var ingen Florence Nightingale: människan bakom myten*. Natur & Kultur, 2007.

MOUNT, Ferdinand. *The New Few, or a Very British Oligarchy: Power and Inequality in Britain Now*. Simon & Schuster, 2012.

MUESER, Peter. "Discrimination". In: EATWELL, John; e MILGATE; Murray. *The New Palgrave: A Dictionary in Economics*, vol. 1, Stockton, 1987.

NELSON, Robert H. *Economics as Religion: From Samuelson to Chicago and Beyond*. Pennsylvania State University, 2002.

_____. *Reaching for Heaven on Earth: The Theological Meaning of Economics*. Rowman & Littlefield Publishers, 1993.

NEWMAN, Karen. *Fetal Positions: Individualism, Science, Visuality*. Stanford University Press, 1996.

OFFICE FOR NATIONAL STATISTICS (ONS). *First ONS Annual Experimental Subjective Well-being Results*. Swansea: ONS, 2012b.

ORGANIZAÇÃO DAS NAÇÕES UNIDAS. *The Inequality Predicament: Report on the World Social Situation*. Departamento de Assuntos Econômicos e Sociais (DESA), 2005.

ÖSTLING, Robert. *Beteendeekonomi och konsumentpolitik*, Integrations och Jamstalldhetsdepartementet, 2009.

PATEMAN, Carole. "The Patriarchal Welfare State". In: Landes, Joan (ed.). *Feminism, the Public and the Private: Oxford Readings in Feminism*. Oxford University Press, 1998.

PEARSON, Matthew; e SCHIPPER, Burkhard. "Menstrual Cycle and Competitive Bidding". *Games and Economic Behavior*, vol. 78, pp. 1-20, março de 2013.

PERSKY, Joseph. "Retrospectives: The Ethology of Homo Economicus". *Journal of Economic Perspectives*, vol. 9, n° 2, 1995.

PHILLIPSON, Nicholas. *Adam Smith: An Enlightened Life*. Yale University Press, 2010.

POUNDSTONE, William. *Prisoner's Dilemma: John von Neumann, Game Theory, and the Puzzle of the Bomb*. Oxford University Press, 1992.

PROGRAMA DAS NAÇÕES UNIDAS PARA O DESENVOLVIMENTO. *Human Development Report 1999*.

READ, Jason. *A Genealogy of Homo Economicus: Neoliberalism and the Production of Subjectivity*. Foucault Studies, nº 6, 2009.

REICH, Robert B. *The Next American Frontier*. Crown, 1983.

REINHART, Carmen M.; e ROGOFF, Kenneth S. *This Time Is Different: Eight Centuries of Financial Folly*. Princeton University Press, 2011.

RHODES, Richard. *The Making of the Atomic Bomb*. Simon & Schuster, 1987.

ROBBINS, Lionel. *An Essay on the Nature and Significance of Economic Science*. 2ª ed. revisada, Macmillan & Co, 1945.

ROTHKOPF, David. *Superclass: The Global Power Elite and the World They Are Making*. Leopard Forlag, 2008.

SCHWARTZ, Barry. "Money for Nothing". *The New York Times*, 2 de julho de 2007.

SEN, Amartya. "More than 100 Million Women are Missing". *New York Review of Books*, 20 de dezembro de 1990.

_____. "Rational Fools: A Critique of the Behavioral Foundations of Economic Theory". In: MANBRIDGE, Jane J. *Beyond Self-Interest*. University of Chicago Press, 1990.

SENIOR, Nassau. *An outline of the Science of Political Economy*. Augustus M. Kelley, 1965.

SIMMEL, Georg. *The Philosophy of Money*. Routledge, 2004.

SMEATON D.; VERGERIS S.; e SAHIN-DIKMEN, M. *Older Workers: Employment Preferences, Barriers and Solutions, Equality and Human Rights Commission*. Relatório de pesquisa 43, 2009.

SMITH, Adam. *The Wealth of Nations*. Encyclopedia Britannica, Great Books, 1952 (1759).

SMITH, Vernon L. *Bargaining and Market Behavior: Essays in Experimental Economics*. Cambridge University Press, 2000.

SMITHERS, Andrew. *Wall Street Revalued: Imperfect Markets and Inept Central Bankers*. John Wiley & Sons, 2009.

SOROS, George. *The Alchemy of Finance: Reading the Mind of the Market*. Wiley, 1994.

"Special Report on the Global Housing Boom". *The Economist*, 18 de junho de 2005.

STATISTICS SWEDEN. "Pay Differentials between Women and Men in Sweden". Informação sobre educação e mercado de trabalho 2004: 2.

STEVENSON, Betsey; e WOLFERS, Justin. "The Paradox of Declining Female Happiness". *American Economic Journal: Economic Policy 2009*, vol. 1, nº 2, pp. 190-225.

STIGLER, G. J. "Smith's Travels on the Ship of State". *History of Political Economy*, vol. 3, nº 2, 1971.

STIGLITZ, Joseph E. *Globalization and Its Discontents*. W. W. Norton & Company, 2003.

O LADO INVISÍVEL DA ECONOMIA

_____. "Of the 1%, By the 1%, For the 1%". *Vanity Fair*, maio de 2011.

STOCKMAN, David. *The Triumph of Politics: Why the Reagan Revolution Failed.* Harper & Row, 1986.

SZUCHMAN, Paula; e ANDERSON, Jenny. *Spousonomics: Using Economics to Master Love, Marriage, and Dirty Dishes.* Random House, 2011.

TAYLOR, Mark C. *Confidence Games: Money and Markets in a World without Redemption.* University of Chicago Press, 2008.

THOMPSON, Don. *The $12 Million Stuffed Shark: The Curious Economics of Contemporary Art.* Palgrave Macmillan, 2008.

THORP, Edward O. *Beat the Dealer: A Winning Strategy for the Game of Twenty-One.* Vintage, 1966.

_____. *Beat the Market: A Scientific Stock Market System.* Random House, 1967.

VARIA, Nisha. "Globalization Comes Home: Protecting Migrant Domestic Workers' Rights". *Human Rights Watch World Report 2007.* Disponível em: <http://www.hrw.org.>.

WALSH, Bryan. "E-Waste Not". *Time*, 8 de janeiro de 2009.

WANNISKI, Jude. *The Way the World Works.* Gateway Editions, 1998.

WARING, Marilyn. *Counting for Nothing: What Men Value and What Women are Worth.* University of Toronto Press, 1999.

WEATHERFORD, Jack. *The History of Money.* Three Rivers Press, 1998.

WEST, Rebecca. *The Young Rebecca: Writings of Rebecca West, 1911-17.* Seleção de Jane Marcus, Indiana University Press, 1989.

WOLF, Alison. *The XX Factor: How Working Women Are Creating a New Society.* Profile Books, 2013.

CRÉDITOS DAS IMAGENS DE CAPA

National Library of Australia / Domestic study of Irina Baronova cooking, Ballets Russes, ca. 1930s

State Library of New South Wales / June Dally Watkins Modelling School, Sydney, ca. 1952 / photonegative by Peter Godwin

Nationaal Archief / TV stoffen met plumeau / Dusting the television with a feather-brush

The Library of Congress / Operating a hand drill at Vultee-Nashville, woman is working on a "Vengeance" dive bomber, Tennessee (LOC)

Revue horticole. Paris: Librairie agricole de la maison rustique,1829-1974. biodiversitylibrary.org/page/49655830

Lisovskaya / iStock.com / Panela de Cobre

CRÉDITOS

A autora e a editora se esforçaram para encontrar os detentores dos direitos autorais. Se souber de qualquer omissão, por favor, contate a editora.

BECKER, Gary. Texto tirado da palestra de Becker no Nobel © Fundação Nobel, 1992.

BERGMANN, Barbara R. *The Task of Feminist Economics: A More Equitable Future* © Indiana University Press, Bloomington, 1987. Reproduzido com a gentil permissão da Indiana University Press.

EHRENREICH, Barbara. "Clitoral Economics", © *Huffington Post*, 2012.

MAYNARD, John Keynes. *Essays in Persuasion*, © W.W. Norton & Company, Nova York, 1963.

STIGLER, J.G. *History of Political Economy* © Duke University Press, Durham, 1990.

STOCKMAN, David. *The Triumpf of Politics: Why the Reagan Revolution Failed*, © Harper & Row, Nova York, 1986.

WEI, Wu Wei. *Ask the Awakened: The Negative Way*, © Sentient Publications, 2003. Reproduzido com a gentil permissão de Sentient Publications.

ÍNDICE ONOMÁSTICO

Aiello, Carolyn 162
Akerlof, George 103, 201, 205
Allen, Woody 49
Anderson, Jenny 115-16, 211
Anouilh, Jean 141, 202
Aristóteles 90-1
Astaire, Fred 72
Aumann, Robert 200, 205

Becker, Gary 39-40, 47, 148, 198-9, 202, 205-6, 213
Beckham, David 143
Bergmann, Barbara 40, 213
Borg, Anders 114
Bowie, David 92-3, 206
Brown, Wendy 144, 202, 206
Bush pai, George 136

Calvino, João 91
Castro, Fidel 24
Cheney, Dick 137
Clinton, Bill 56
de Beauvoir, Simone 25, 206
Defoe, Daniel 28, 198, 206, 208

Defries, Tony 92
Deng Xiaoping 131-3
Dickens, Charles 139
Drake, Francis 49-50

Ehrenreich, Barbara 114, 206, 208, 213
Einstein, Albert 23, 175
Eisenhower, Dwight D. 35
Elizabeth I, Queen of England 49
Elizabeth II, Queen 105
Folbre, Nancy 121, 198, 200-1, 203, 207

Foucault, Michel 39-40, 146, 148-9, 154, 198, 202, 207, 208, 210
Frederico III, imperador da Alemanha 77
Freud, Sigmund 44-5
Friedan, Betty 68-9, 72, 200, 207-8
Friedman, Milton 39, 105, 134, 143, 207
Galbraith, John Kenneth 106, 200, 201, 207
Galenson, David 53, 199, 207
Gandhi, Mahatma 51, 180
Geduldig, Dwight 162

O LADO INVISÍVEL DA ECONOMIA

Gell-Mann, Murray 81, 200
Gere, Richard 163
Gilder, George 136-7, 207
von Goethe, Johann Wolfgang 87-8, 96, 206
Gray, Charles 54
Greenspan, Alan 98, 200

Hayek, Friedrich 134
Held, Virginia 157, 202, 208
Homero 181

Johnson, Lyndon B. 153
Joyce, James 30, 208

Kahneman, Daniel 101, 154, 201, 208
Keynes, John Maynard 49-54, 56, 60, 103, 136, 199, 208, 213

Laffer, Arthur 137-8
Lao Tzu 181, 203
Lucas, Robert 106, 201, 209
Lutero, Martinho 175
Lutzenberger, José 59

Madoff, Bernard 176
Mandeville, Bernard 35, 198, 209
Marx, Karl 132, 147, 149, 190
Mencken, H. L. 178, 203, 209
Merton, Robert C. 96
Milne, A. A. 27, 198, 209
Morgan, J. P. 138
Morgenstern, Oskar 77

Nelson, Julie 183, 207
Nelson, Robert H. 175-7, 198, 203, 209
von Neumann, John 76-8, 80-1, 200, 208, 210
Newton, Isaac 20-3, 157, 175, 198
Nightingale, Florence 125-7, 192, 201, 209
Nilsson, Lennart 151, 153, 202

Obama, Barack 56
Oliver, Jamie 160

Picasso, Pablo 53

Putin, Vladimir 107

Reagan, Ronald 133, 135-6, 138, 211, 213
Regan, Judith 63
Reinhart, Carmen M. 95, 210
Robbins, Lionel 24, 183, 198, 203, 210
Roberts, Julia 163
Rogers, Ginger 72
Rogoff, Kenneth S. 95, 210
Rowling, J. K. 139
Rukeyser, Muriel 171

São Tomás de Aquino 175
Scholes, Myron 106
Schopenhauer, Arthur 123
Sen, Amartya 55, 104, 210
Shakespeare, William 161
Shiller, Robert 103, 200, 201, 205
Simmel, Georg 88, 210
Smith, Adam 18-23, 25-6, 30, 35, 47, 51, 76, 82-3, 97, 122, 129, 145-9, 173, 185, 189-90, 195, 198, 201, 209, 210
Soros, George 84, 200, 210
Stigler, George J. 39, 197, 210, 213
Stockman, David 138, 202, 211, 213
Stone, Oliver 96
Summers, Lawrence 56-9, 199, 200
Szuchman, Paula 115, 211
Södergran, Edith 164, 202

Tales de Mileto 90-2
Thatcher, Margaret 24, 39, 133, 135, 147, 198
Thorp, Edward 81, 211
Toffler, Alvin 69
Tversky, Amos 101, 154, 201, 208

Verdi, Guiseppe 163
Volcker, Paul 133
Wałęsa, Lech 107
Wanniski, Jude 137-8, 211
Waring, Marilyn 65, 198, 200, 211
Waxman, Henry 98
Wei, Wu Wei 187, 213
West, Rebecca 37, 198, 211
Wilde, Oscar 112
Wolf, Naomi 72
Woolf, Virginia 11, 190

Compartilhe a sua opinião
sobre este livro usando a hashtag
#OLadoInvisívelDaEconomia
nas nossas redes sociais:

/EditoraAlaude
/EditoraAlaude